Luis Fernando Aguas Bucheli

Dominando a programação orientada a objetos com Java no NetBeans

Luis Fernando Aguas Bucheli

Dominando a programação orientada a objetos com Java no NetBeans

Guia completo de práticas laboratoriais da Aguaszoft

ScienciaScripts

Imprint

Cover image: www.ingimage.com

This book is a translation from the original published under ISBN 978-620-2-14896-2.

Publisher:
Sciencia Scripts
is a trademark of
Dodo Books Indian Ocean Ltd. and OmniScriptum S.R.L publishing group

120 High Road, East Finchley, London, N2 9ED, United Kingdom
Str. Armeneasca 28/1, office 1, Chisinau MD-2012, Republic of Moldova, Europe
Printed at: see last page
ISBN: 978-620-8-24656-3

Conteúdo

PRÁTICA 1

1. **TÓPICO: Noções** básicas de JAVA
2. **OBJECTIVOS:**

- Adquirir os conceitos básicos relacionados com a OOP.
- Reconhecer as caraterísticas da OOP

3. **OBJECTIVOS DE DESENVOLVIMENTO SUSTENTÁVEL:**

Indicador 4.7: Até 2030, assegurar que todos os aprendentes adquirem os conhecimentos e as competências necessárias para promover o desenvolvimento sustentável, nomeadamente através da educação para o desenvolvimento sustentável e estilos de vida sustentáveis, direitos humanos, igualdade de género, promoção de uma cultura de paz e não-violência, cidadania global e apreço pela diversidade cultural e pela contribuição da cultura para o desenvolvimento sustentável

4. **INTRODUÇÃO:**

Java é uma linguagem de programação de uso geral, tipada e orientada para objectos, que permite o desenvolvimento de aplicações que vão desde aplicações básicas, passando por aplicações empresariais, até aplicações móveis.

Java nasceu como uma linguagem de programação que podia ser multiplataforma e multi-dispositivo, segundo o paradigma "Write Once Run Anywhere" (WORA).

Desta forma, um programa Java escrito uma vez pode ser executado em diferentes plataformas, sendo suportado pelos sistemas operativos Windows, MacOs e UNIX. E, por sua vez, em diferentes tipos de dispositivos.

Para seguir este paradigma, a compilação de um programa Java não gera código fonte, mas gera bytecodes. Estes bytecodes são interpretados por uma máquina virtual ou JVM (Java Virtual Machine). Esta máquina já está escrita para cada um dos sistemas operativos em questão.

Caraterísticas da linguagem Java

Entre as caraterísticas da linguagem Java, encontramos:

Plataforma independente

Ao compilar o código-fonte Java, não é gerado nenhum código de máquina específico, mas são gerados bytecodes, que são interpretados pela Máquina Virtual Java (JVM), tornando possível que o mesmo código-fonte seja executado em várias plataformas.

Orientada para objectos

Qualquer elemento da linguagem Java é um objeto. Dentro dos objectos, os dados são encapsulados, sendo acedidos por mëtodos.

Simples

Java foi concebida para ser uma linguagem fácil de aprender. Basta compreender os conceitos

básicos da programação orientada para objectos (OOP).
Seguros
É seguro porque os programas são executados dentro da Máquina Virtual Java (JVM) num formato de "caixa de areia", pelo que não podem aceder a nada fora dela.
Tem uma validação nos bytecodes para verificar se existem códigos de fragmentos ilegais.
Arquitetura neutra
Independentemente de ser executado numa arquitetura de 32 ou 64 bits. Em Java, os tipos de dados ocupam sempre a mesma quantidade de espaço.
Portátil
Java não tem dependências de plataforma, o que o torna portátil para diferentes plataformas.
Robusto
A linguagem Java tenta controlar as situações de erro nos processos de compilação e execução, reduzindo assim o risco de falha.
Além disso, Java assume o controlo total da memória, atribuindo-a e removendo-a através de um coletor de lixo, pelo que não podemos utilizar ponteiros para aceder à mesma.
Multi-thread
Java permite a programação simultânea, de modo que um único programa pode abrir diferentes threads.
Interpretado
Os bytecodes são interpretados em tempo real para código de máquina.
Alto desempenho
Java oferece compiladores Just-In-Time que permitem um elevado desempenho.
Distribuído
A linguagem Java destina-se a ser executada em arquitecturas distribuídas, como a Internet.

5. DESENVOLVIMENTO:

"Início de sessão do Netbeans

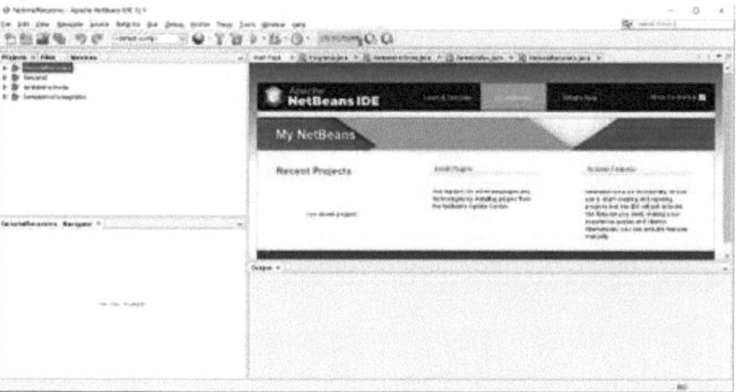

"Criámos um novo projeto:

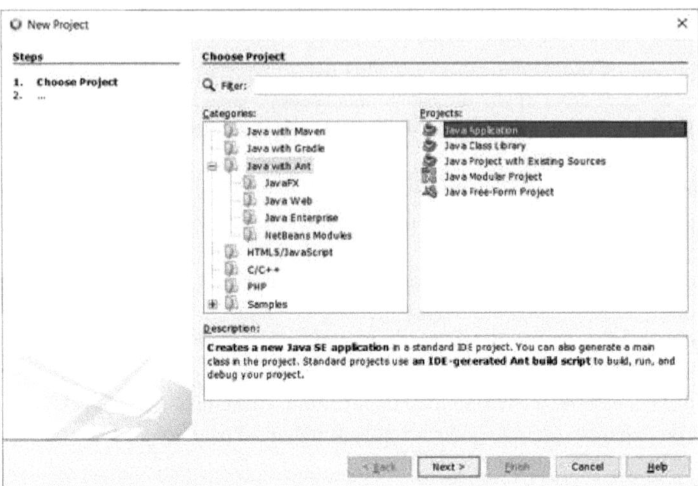

"Colocamos como nome

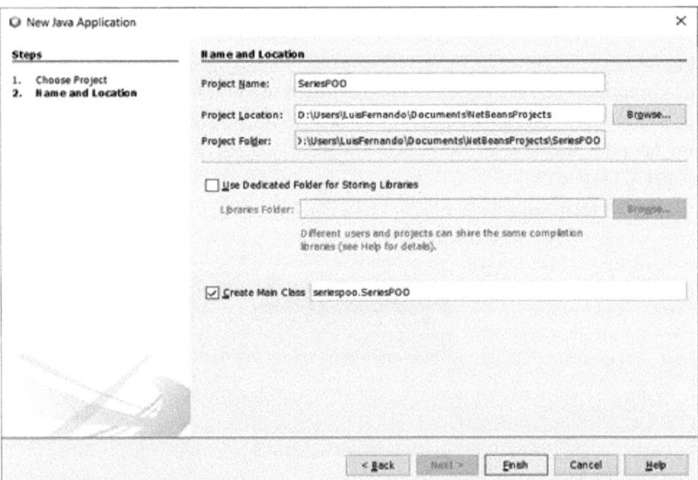

Clicar no finalizador

Eliminar o ficheiro SeriesPOO.java

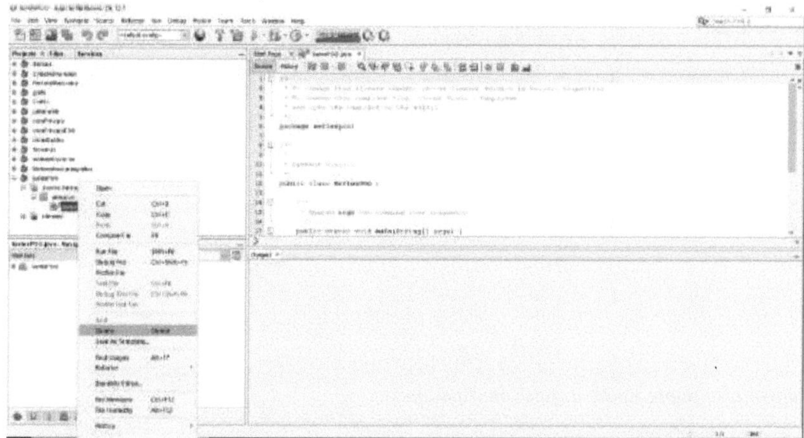

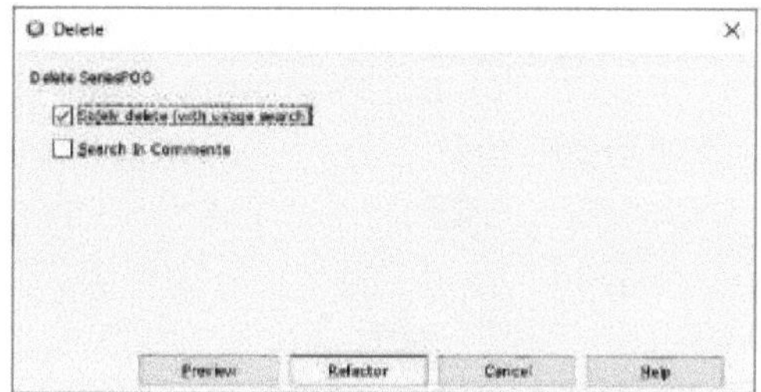

Em seguida, clique em Refactor

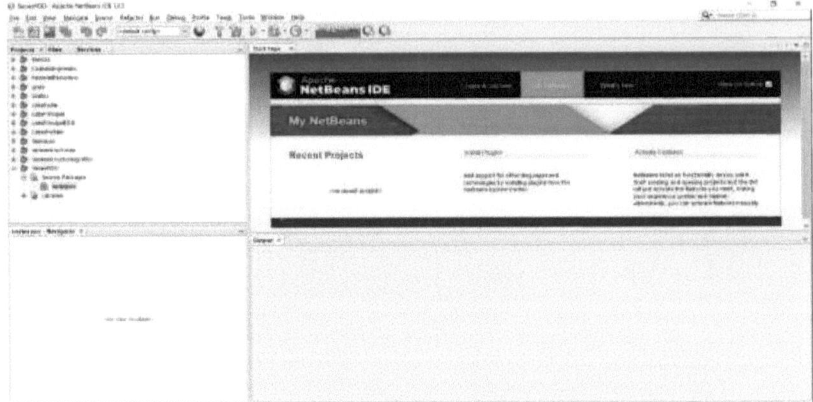

Clique com o botão direito do rato no pacote SeriesPOO e adicione um JFrame.

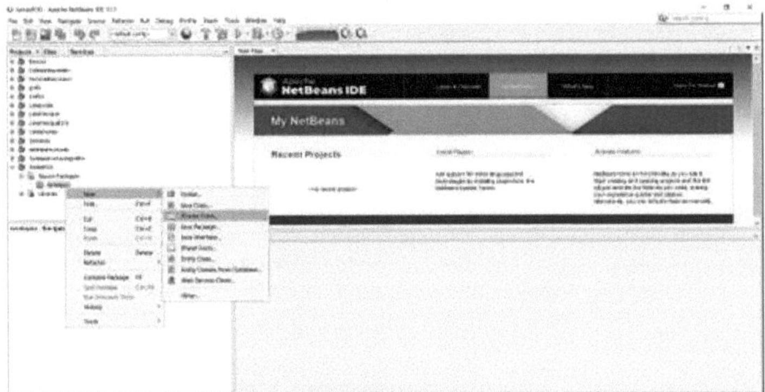

Introduzir o seguinte nome e clicar em finalizador

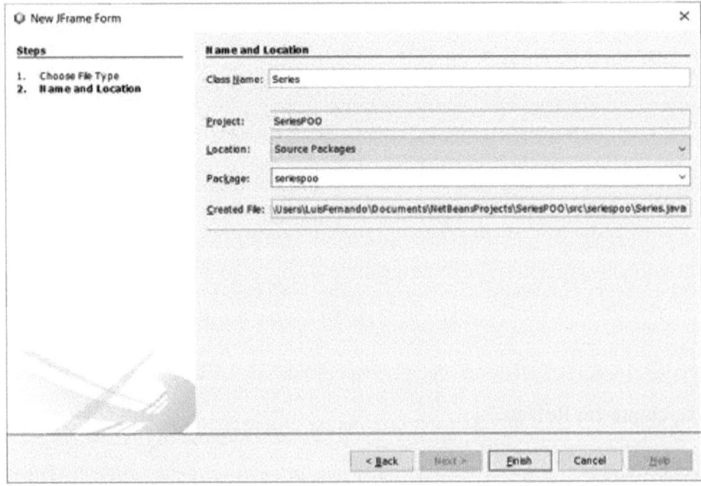

Ter:

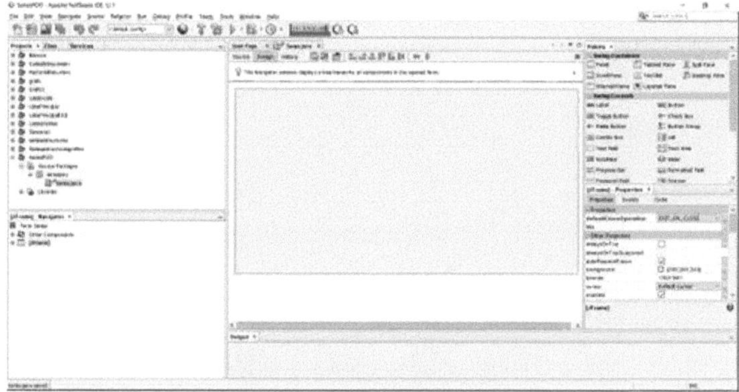

Clique no JFrame e nas propriedades, no título escrevemos: Series

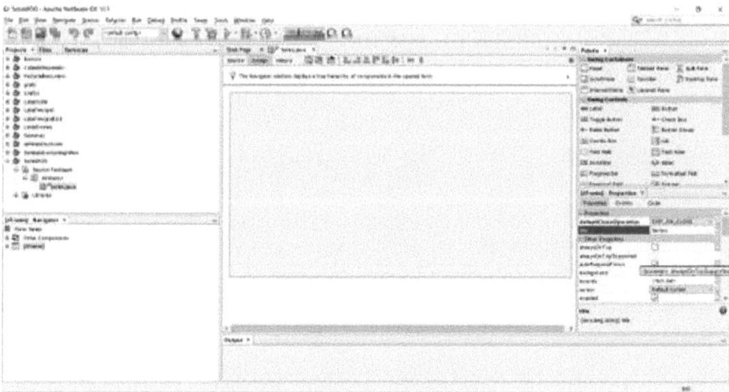

Vamos fazer 4 séries básicas: par, ímpar, primo e Fibonacci.

Para os pares:

Seleccionamos na paleta um jPanel e no jPanel colocamos um jLabel, um jButton e um jTextArea da seguinte forma

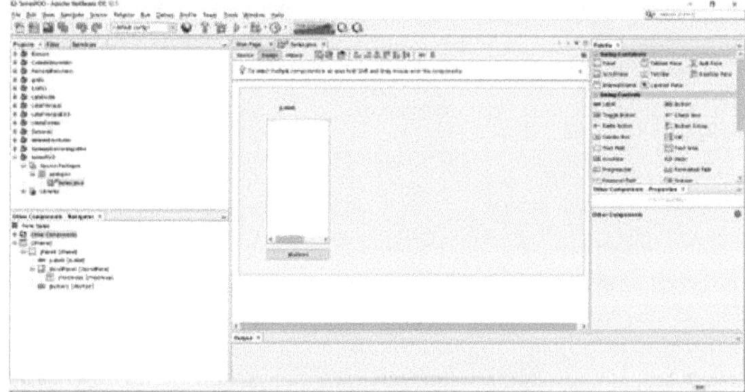

Clique em jLabel e vá para a propriedade text e introduza o seguinte:

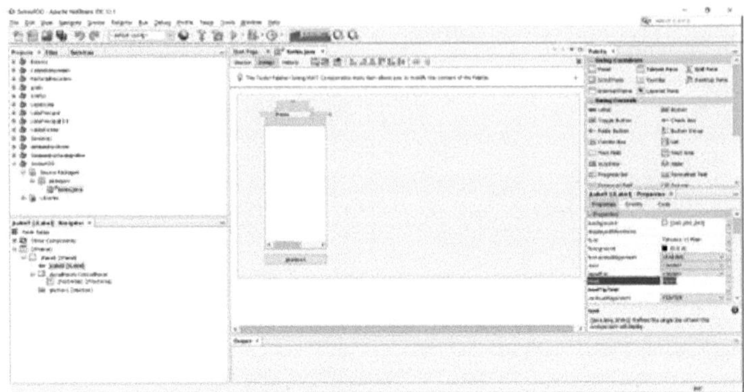

Clique no jButton, aceda às propriedades e defina o texto:

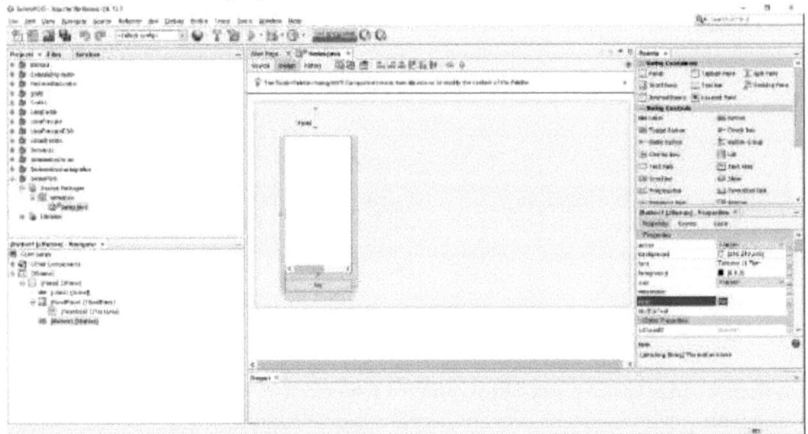

Faça duplo clique no JButton, para ativar o evento de clique, coloque o seguinte código

private void jButton1ActionPerformed(java.awt.event.ActionEvent evt) { for (int i = 0; i <= 20; i++)
jTextArea1.append("\n" + i * 2);
Ter:

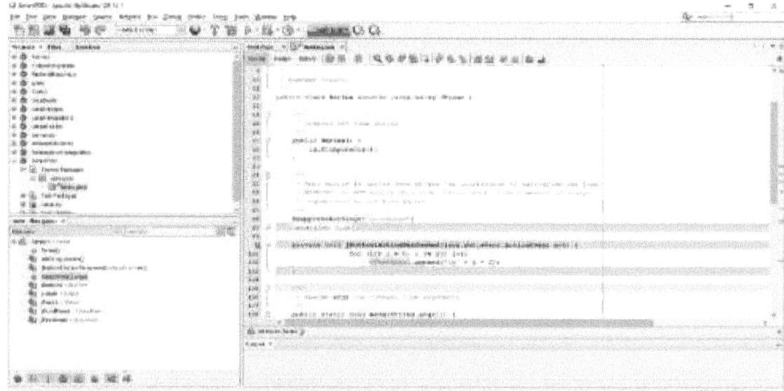

Clique em compilar e depois em executar

Para números ímpares:

Seleccionamos da paleta, um jPanel e no jPanel colocamos um jLabel, um jButton, um jTextArea e fazemos o mesmo processo que acima:

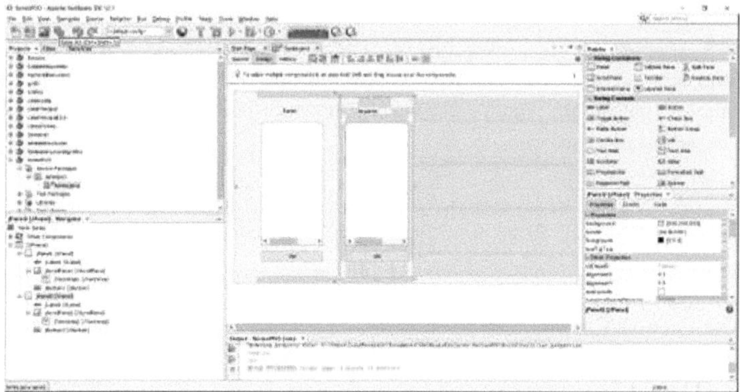

Clique duas vezes no JButton, para ativar o evento de clique, colocamos o seguinte código private void jButton2ActionPerformed(java.awt.event.ActionEvent evt) { { {

```
for (int i = 0; i <= 20; i++) jTextArea2.append("\n" +(2*i +1)); }
```

Ter:

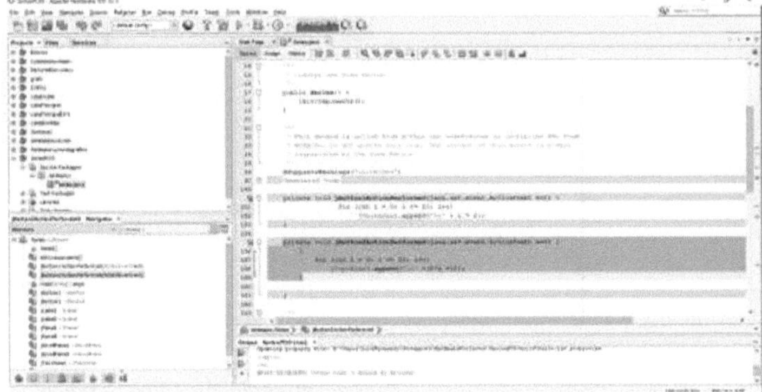

Clique em compilar e depois em executar

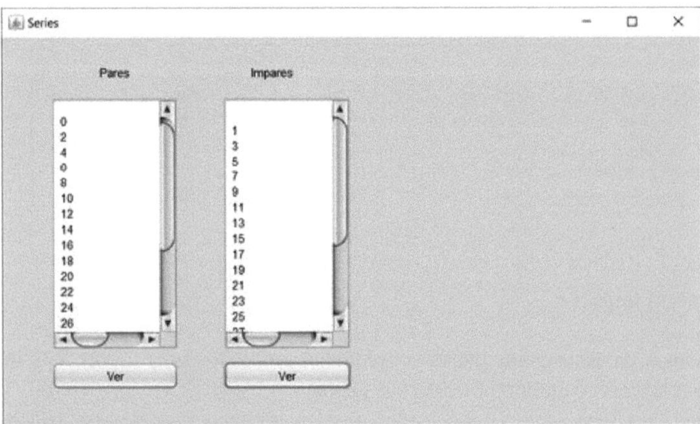

Para o fibonacci:

Seleccionamos da paleta, um jPanel e no jPanel colocamos jLabel, um jButton, um jTextArea e fazemos o mesmo processo que acima:

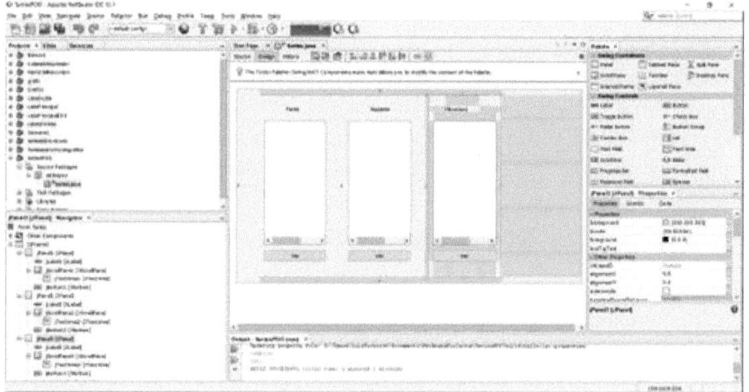

Faça duplo clique no JButton, para ativar o evento de clique, coloque o seguinte código

```
private void jButton3ActionPerformed(java.awt.event.ActionEvent evt) {
int f = 0;
int t1 = 1;
int t2;
for (int i = 1; i <= 20; i++)
{
t2 = f;
f = t1 + f;
t1 = t2;
jTextArea3.append("\n" + t1);
}
}
```

Ter:

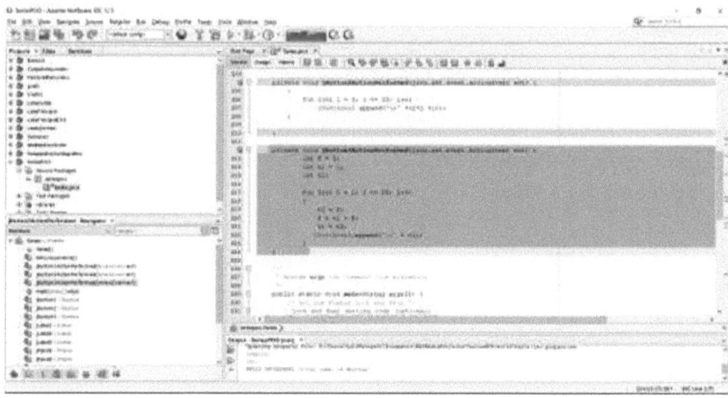

Clique em compilar e depois em executar

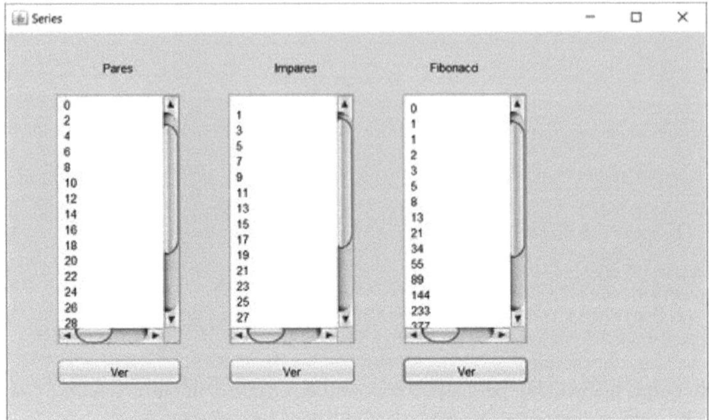

Para os primos:

Seleccionamos da paleta, um jPanel e no jPanel colocamos um jLabel, um jButton, um jTextArea e fazemos o mesmo processo que acima:

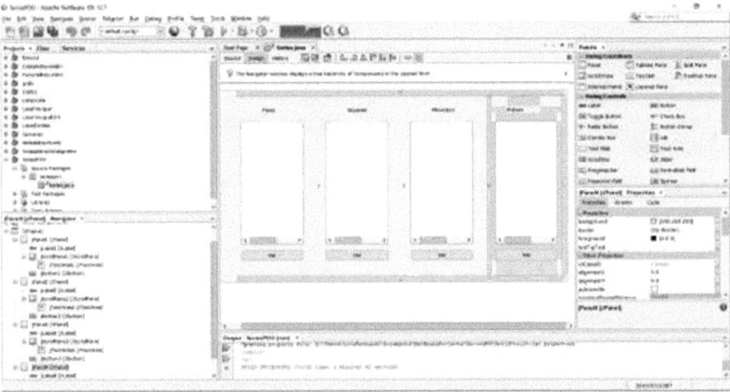

Faça duplo clique no JButton, para ativar o evento de clique, coloque o seguinte código

```
private void jButton4ActionPerformed(java.awt.event.ActionEvent evt) {
int contador = 0, num = 1, auxiliar = 0;
fazer
{
for (int i = 1; i <= num; i++)
se (num % i == 0)
contador = contador + 1;
se (contador <= 2)
{
jTextArea4.append("\n" + num);
auxiliar++;
}
num++;
contador = 0;
```

```
} while (auxiliar <= 20);
}
```

Ter:

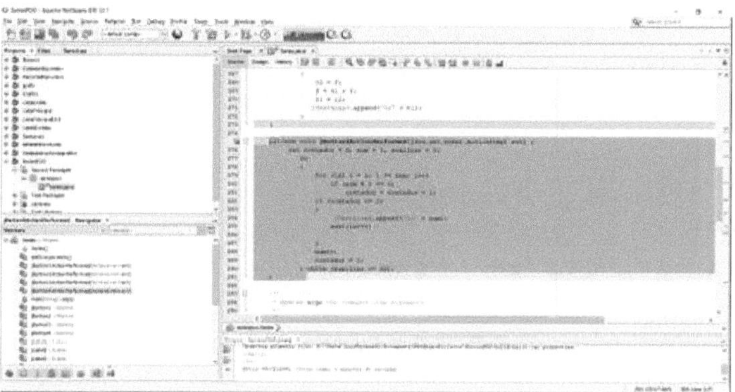

Clique em compilar e depois em executar

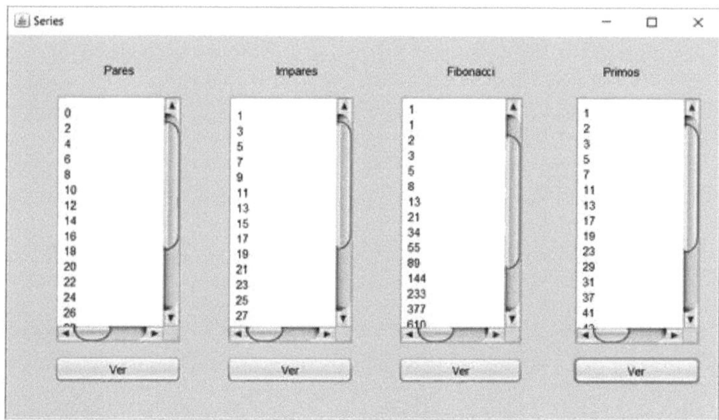

6. BIBLIOGRAFIA:

- Deitel, P., & Deitel, H. (2017). Java: Como programar (10ª ed.). Pearson.
- Eckel, B. (2017). Pensando em Java (4ª ed.). Prentice Hall.
- Flanagan, D. (2018). Java in a Nutshell: A Desktop Quick Reference (7ª ed.). O'Reilly Media.
- Friesen, J. (2019). Programação Java para iniciantes. Publicado de forma independente.
- Gaddis, T. (2018). Começando com Java: Objetos iniciais (6ª ed.). Pearson.
- Horstmann, C. S. (2019). Core Java, Volume I: Fundamentos (12ª ed.). Pearson.
- Liang, Y. D. (2019) Introdução à programação Java e estruturas de dados (12ª ed.). Pearson.
- Schilde, M. (2016). Java 8 em ação: Lambdas, Streams e programação de estilo

funcional. Publicações Manning.

- Sharan, M. (2017). NetBeans: O guia definitivo (2ª ed.). O'Reilly Media.
- Sierra, K., & Bates, B. (2020). Head First Java (3ª ed.). O'Reilly Media.

PRÁTICA 2

1. **TÓPICO: Noções** básicas sobre a sala de aula
2. **OBJECTIVOS:**

- Adquirir os conceitos básicos relacionados com a OOP.
- Reconhecer as caraterísticas da OOP

3. **OBJECTIVOS DE DESENVOLVIMENTO SUSTENTÁVEL:**

Indicador 4.7: Até 2030, assegurar que todos os aprendentes adquirem os conhecimentos e as competências necessárias para promover o desenvolvimento sustentável, nomeadamente através da educação para o desenvolvimento sustentável e estilos de vida sustentáveis, direitos humanos, igualdade de género, promoção de uma cultura de paz e não-violência, cidadania global e apreço pela diversidade cultural e pela contribuição da cultura para o desenvolvimento sustentável

4. **INTRODUÇÃO:**

Java é uma linguagem de programação de uso geral, tipada e orientada para objectos, que permite o desenvolvimento de aplicações que vão desde aplicações básicas, passando por aplicações empresariais, até aplicações móveis.

Java nasceu como uma linguagem de programação que podia ser multiplataforma e multi-dispositivo, segundo o paradigma "Write Once Run Anywhere" (WORA).

Desta forma, um programa Java escrito uma vez pode ser executado em diferentes plataformas, sendo suportado pelos sistemas operativos Windows, MacOs e UNIX. E, por sua vez, em diferentes tipos de dispositivos.

Para seguir este paradigma, a compilação de um programa Java não gera código fonte, mas gera bytecodes. Estes bytecodes são interpretados por uma máquina virtual ou JVM (Java Virtual Machine). Esta máquina já está escrita para cada um dos sistemas operativos em questão.

Caraterísticas da linguagem Java

Entre as caraterísticas da linguagem Java, encontramos:

Plataforma independente

Ao compilar o código-fonte Java, não é gerado nenhum código de máquina específico, mas são gerados bytecodes, que são interpretados pela Máquina Virtual Java (JVM), tornando possível que o mesmo código-fonte seja executado em várias plataformas.

Orientada para objectos

Qualquer elemento da linguagem Java é um objeto. Dentro dos objectos, os dados são encapsulados, sendo acedidos por mëtodos.

Simples

Java foi concebida para ser uma linguagem fácil de aprender. Basta compreender os conceitos básicos da programação orientada para objectos (OOP).

Seguros

É seguro porque os programas são executados dentro da Máquina Virtual Java (JVM) num formato de "caixa de areia", pelo que não podem aceder a nada fora dela.

Tem uma validação nos bytecodes para verificar se existem códigos de fragmentos ilegais.

Arquitetura neutra

Independentemente de ser executado numa arquitetura de 32 ou 64 bits. Em Java, os tipos de dados ocupam sempre a mesma quantidade de espaço.

Portátil

Java não tem dependências de plataforma, o que o torna portátil para diferentes plataformas.

Robusto

A linguagem Java tenta controlar as situações de erro nos processos de compilação e execução, reduzindo assim o risco de falha.

Além disso, Java assume o controlo total da memória, atribuindo-a e removendo-a através de um coletor de lixo, pelo que não podemos utilizar ponteiros para aceder à mesma.

Multi-thread

Java permite a programação simultânea, de modo que um único programa pode abrir diferentes threads.

Interpretado

Os bytecodes são interpretados em tempo real para código de máquina.

Alto desempenho

Java oferece compiladores Just-In-Time que permitem um elevado desempenho.

Distribuído

A linguagem Java destina-se a ser executada em arquitecturas distribuídas, como a Internet.

5. DESENVOLVIMENTO:

"Início de sessão do Netbeans

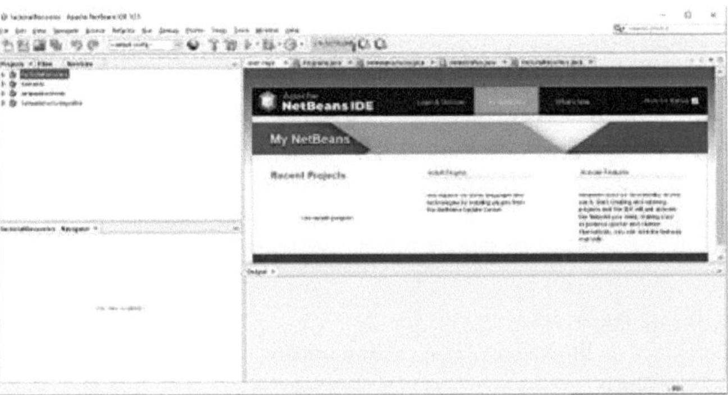

"Criámos um novo projeto:

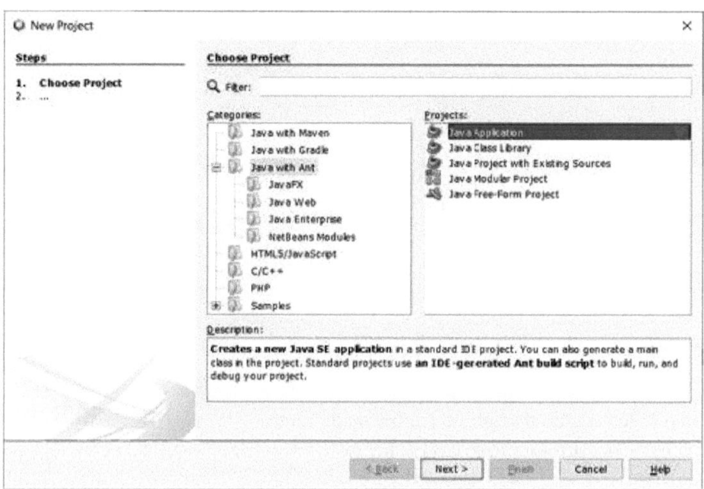

"Colocamos como nome

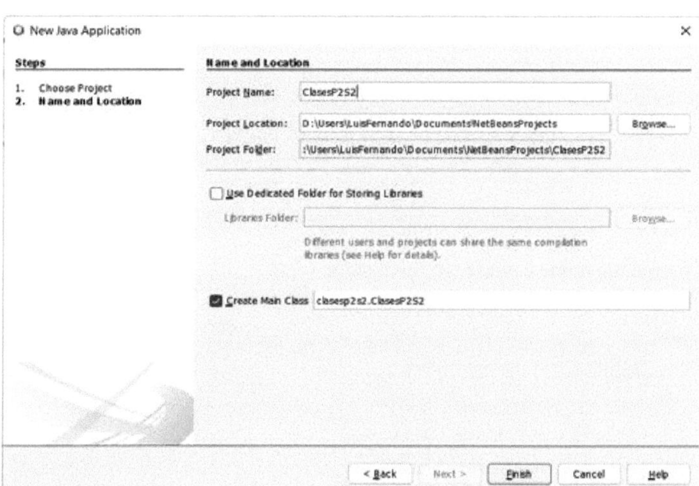

Clicar no finalizador

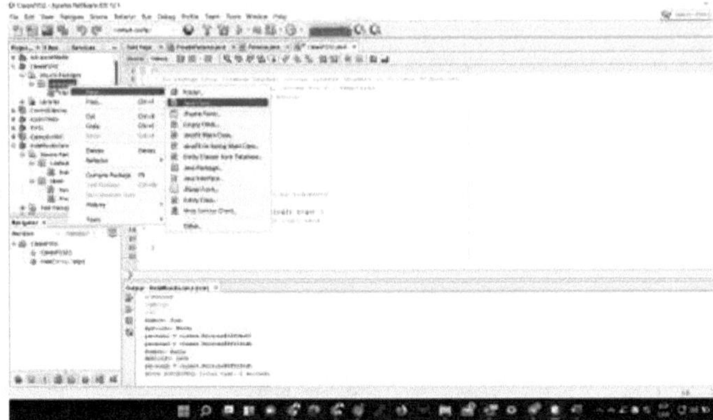

Clique com o botão direito do rato no pacote e adicione:

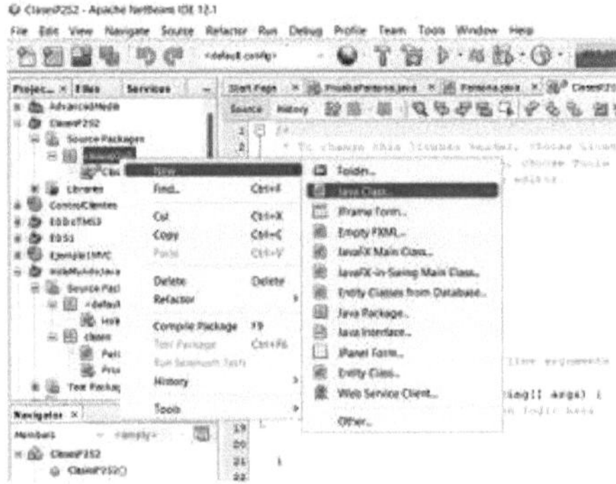

Introduzir o seguinte nome e clicar em finalizador

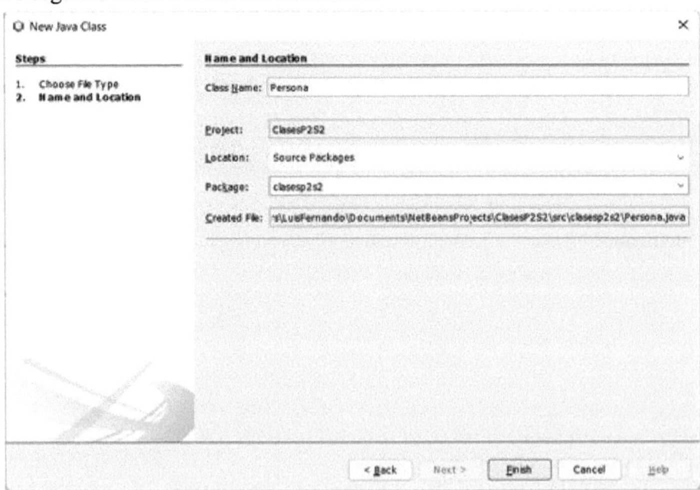

Ter:

Na sala de aula, colocamos o seguinte:

public class Person { //Atributos do nome da classe String;

Apelido de cordão;

/Métodos da classe

public void deployInformation(){

System.out.println("Nome: " + nome);

System.out.println("Last name: " + last name); }

Ter:

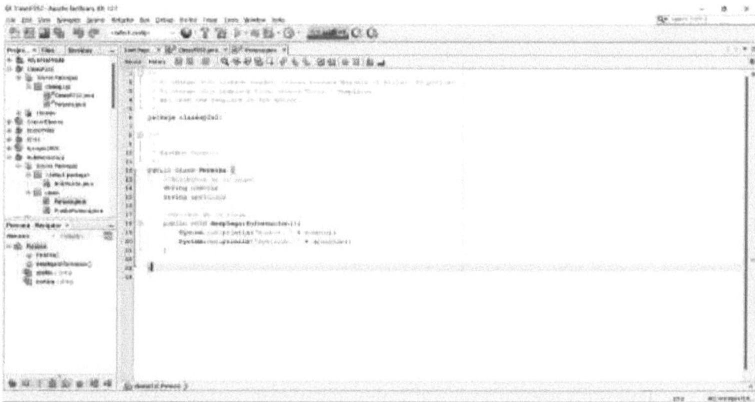

Seleccionamos os atributos:

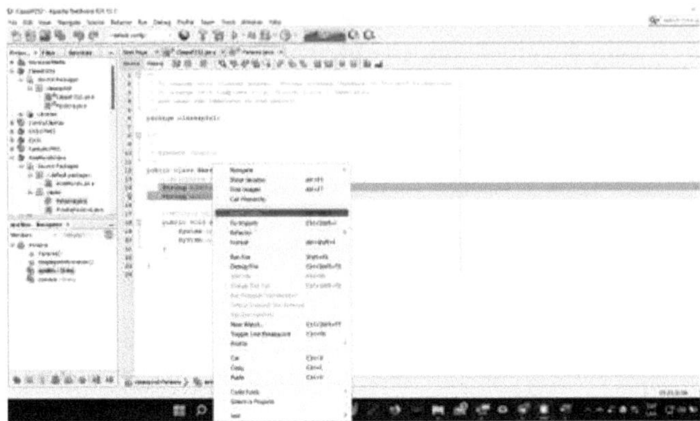

Ter:

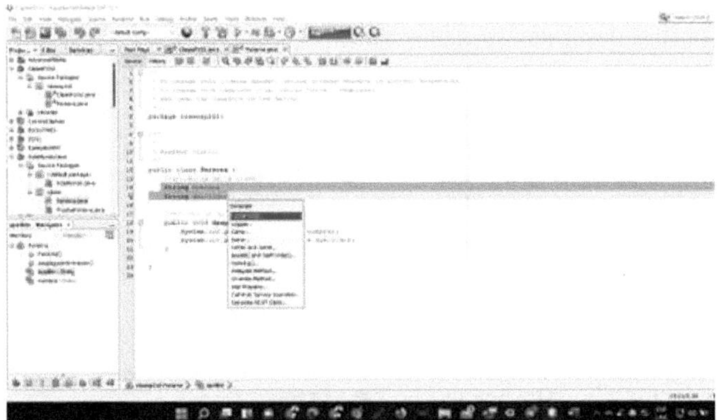

E nós cedemos a gerar

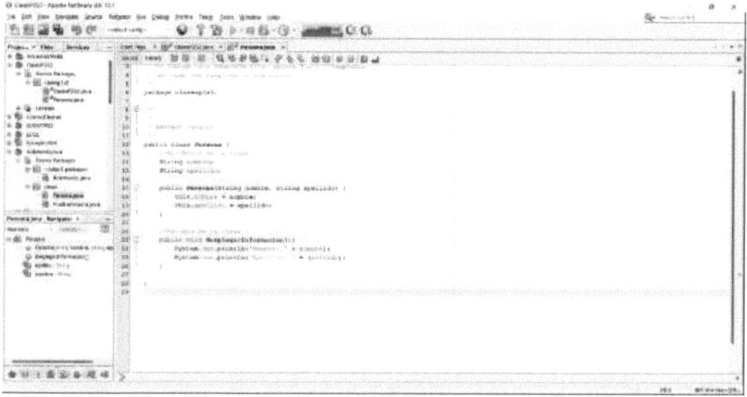

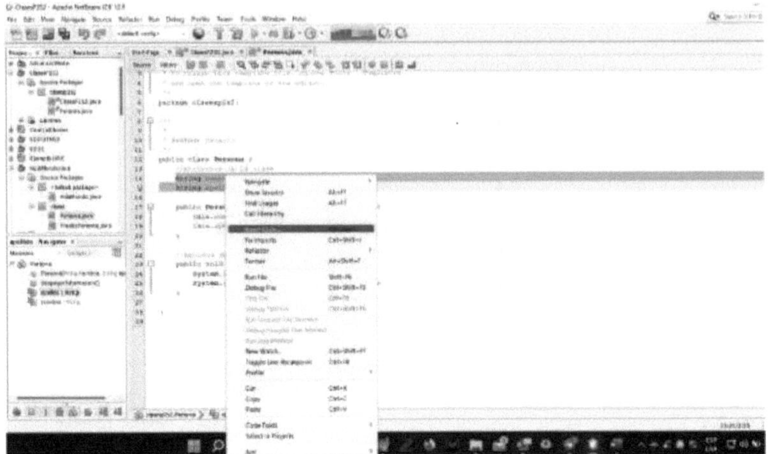

Ter:

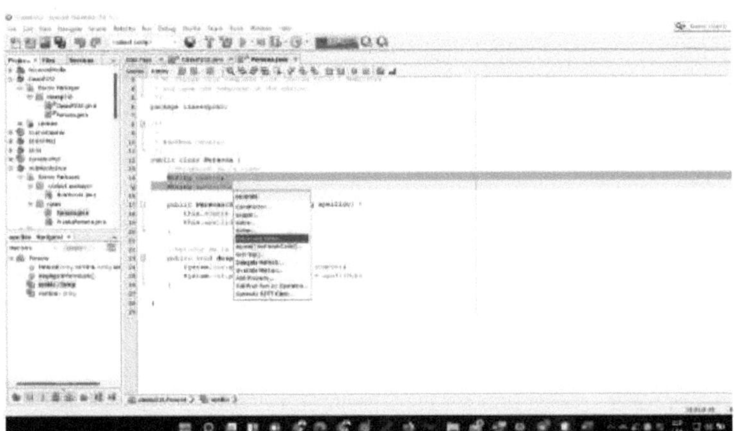

Ter:

Acertámos em gerar:

Na sala de aula

Colocamos o seguinte:

classe pública ClassesP2S2 {

/**

* @param args os argumentos da linha de comando

*/

```
public static void main(String[] args) { Person person person1 = new Persona();
person1.name = "João";
pessoa1.apelido = "Perez";
person1.displayInformation();
Pessoa2 = nova Pessoa();
System.out.println("pessoa1 = " + pessoa1);
System.out.println("pessoa2 = " + pessoa2);
pessoa2.nome = "Karla";
pessoa2.apelido = "Lara";
pessoa2.exibirInformação();
System.out.println("pessoa2 = " + pessoa2);
}
}
```

Ter:

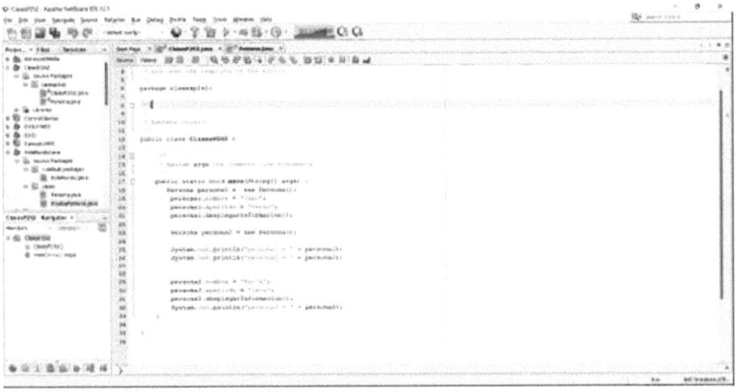

Incluímos um construtor vazio em Persona public Persona() {
}

Ter:

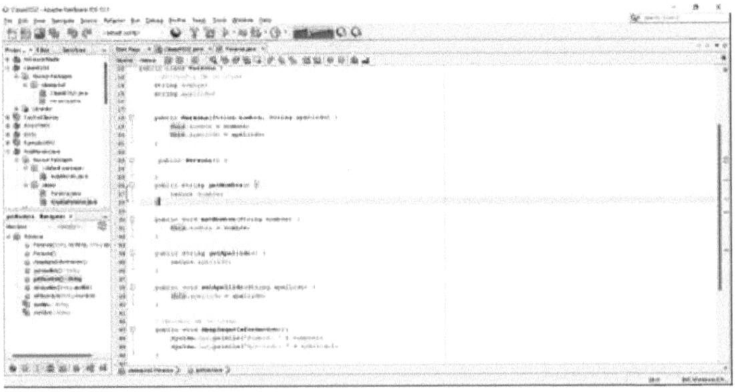

Compilar e executar:

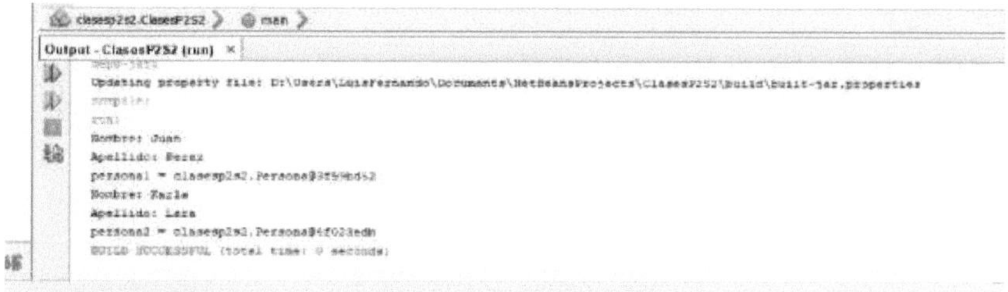

6. BIBLIOGRAFIA:

- Deitel, P., & Deitel, H. (2017). Java: Como programar (10ª ed.). Pearson.
- Eckel, B. (2017). Pensando em Java (4ª ed.). Prentice Hall.
- Flanagan, D. (2018). Java in a Nutshell: A Desktop Quick Reference (7ª ed.). O'Reilly Media.
- Friesen, J. (2019). Programação Java para iniciantes. Publicado de forma independente.
- Gaddis, T. (2018). Começando com Java: Objetos iniciais (6ª ed.). Pearson.
- Horstmann, C. S. (2019). Core Java, Volume I: Fundamentos (12ª ed.). Pearson.
- Liang, Y. D. (2019). Introdução à programação Java e estruturas de dados (12ª ed.). Pearson.
- Schilde, M. (2016). Java 8 em ação: Lambdas, Streams e programação de estilo funcional. Publicações Manning.
- Sharan, M. (2017). NetBeans: O guia definitivo (2ª ed.). O'Reilly Media.
- Sierra, K., & Bates, B. (2020). Head First Java (3ª ed.). O'Reilly Media.

PRÁTICA 3

1. **TÓPICO:** Herança em Java
2. **OBJECTIVOS:**
- Adquirir os conceitos básicos relacionados com a OOP.
- Reconhecer as caraterísticas da OOP
3. **OBJECTIVOS DE DESENVOLVIMENTO SUSTENTÁVEL:**

Indicador 4.7: Até 2030, assegurar que todos os aprendentes adquirem os conhecimentos e as competências necessárias para promover o desenvolvimento sustentável, nomeadamente através da educação para o desenvolvimento sustentável e estilos de vida sustentáveis, direitos humanos, igualdade de género, promoção de uma cultura de paz e não-violência, cidadania global e apreço pela diversidade cultural e pela contribuição da cultura para o desenvolvimento sustentável

4. **INTRODUÇÃO:**

A herança é um pilar importante da OOP (Programação Orientada para Objectos). É o mecanismo em Java pelo qual uma classe pode herdar as caraterísticas (atributos e métodos) de outra classe. Saiba mais abaixo.

Na linguagem Java, uma classe herdeira é designada por superclasse. A classe herdada é designada por subclasse. Assim, uma subclasse é uma versão especializada de uma superclasse. Herda todas as variáveis e métodos definidos pela superclasse e acrescenta os seus próprios elementos exclusivos.

Terminologia importante

Superclasse: a classe cujas caraterísticas são herdadas é conhecida como uma superclasse (ou uma classe de base ou uma classe principal).

Subclasse: a classe que herda a outra classe é conhecida como subclasse (ou classe derivada, classe alargada ou classe filha). A subclasse pode adicionar os seus próprios campos e métodos para além dos campos e métodos da superclasse.

Reutilização: A herança suporta o conceito de "reutilização", ou seja, quando queremos criar uma nova classe e já existe uma classe que inclui algum do código que queremos, podemos derivar a nossa nova classe da classe existente. Ao fazê-lo, estamos a reutilizar os campos/atributos e métodos da classe existente.

5. DESENVOLVIMENTO:

- Iniciar sessão no Netbeans

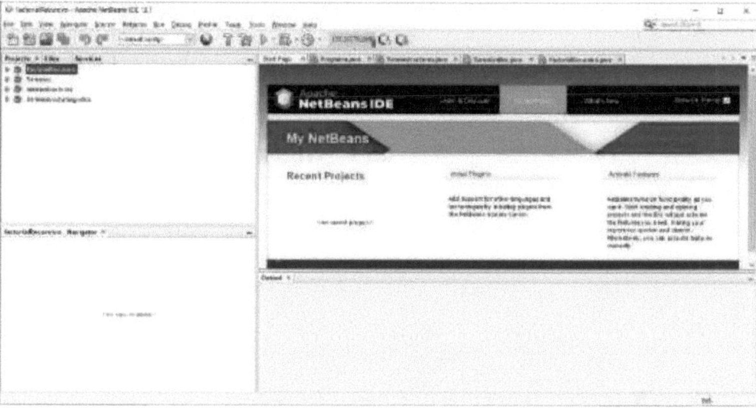

- Criamos um novo projeto:

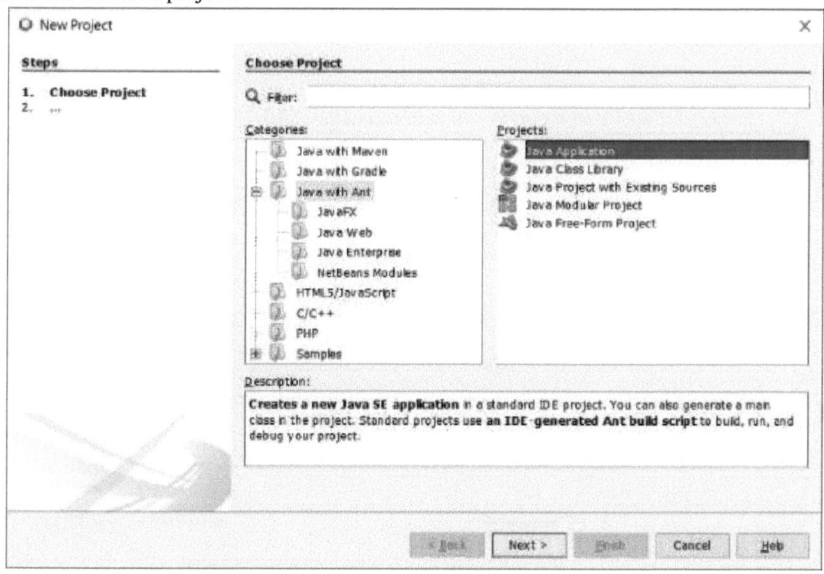

Colocamos como nome

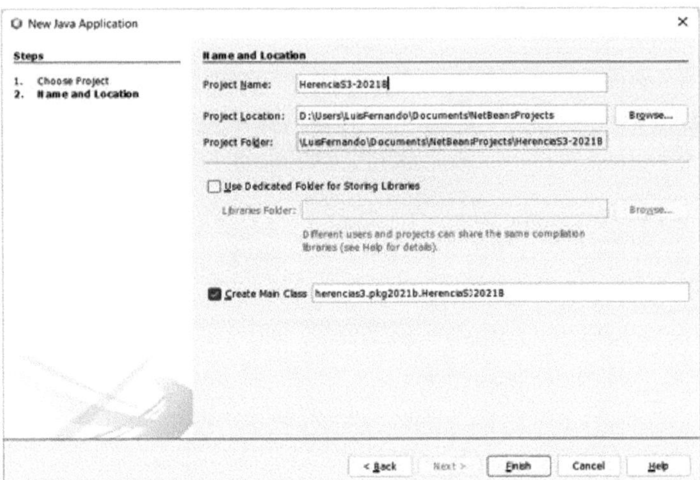

Clicar no finalizador

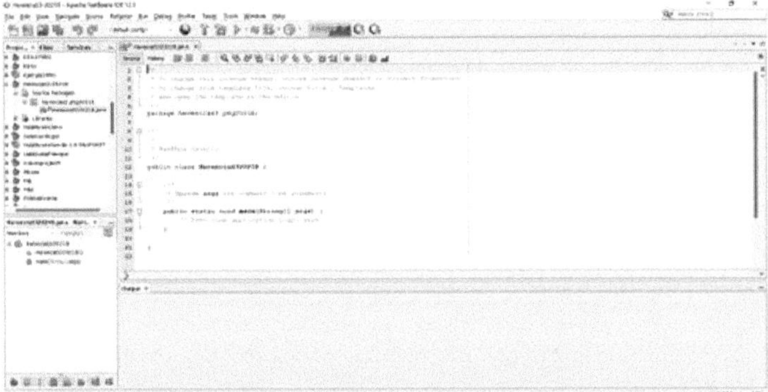

Clique com o botão direito do rato no pacote e adicione uma nova classe com o nome:

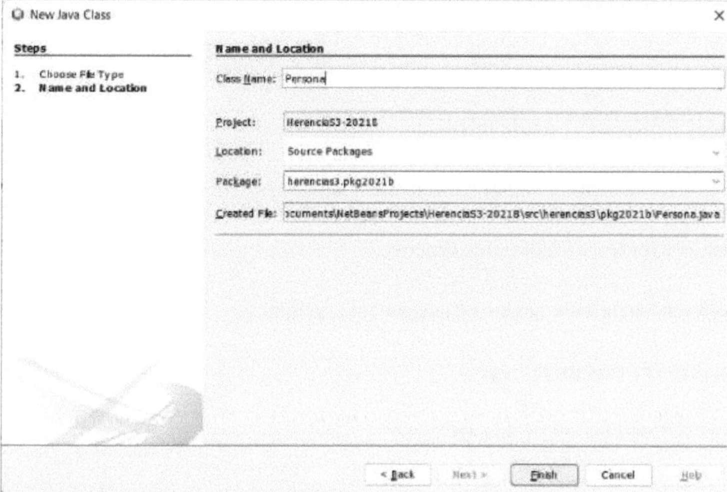

Introduza o seguinte nome e clique em finalizar

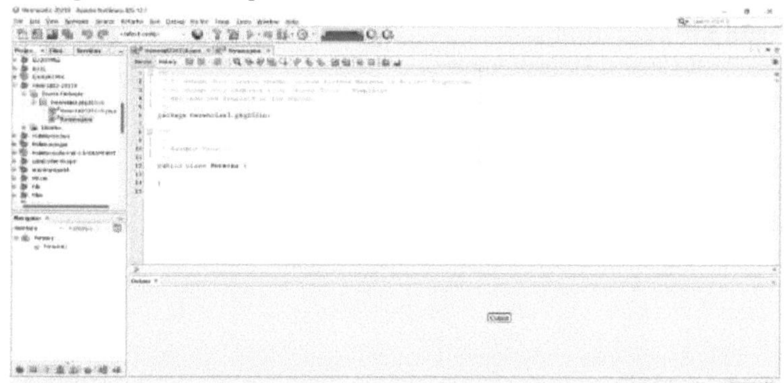

Na sala de aula, colocamos o seguinte:

```
public class Person{
protected String name;
protected char genero;
protected int idade;
protected String address;
public Persona(){
}
public Persona(String name){ this.name = name;
}
public Persona(String name, char gender, int age, String address) { this.name = name;
this.gender = género;
this.age = age;
this.address = address;
```

```
}
public String getDireccion() { return this.direccion;
}
public void setAddress(String address) { this.address = address;
}
public String getName() { return this.name;
}
public void setName(String name) { this.name = name;
}
public char getGenero() { return this.genero;
}
public void setGenero(char genero) { this.genero = genero;
}
public int getEld() { return this.age;
}
public void setEdad(int age) { this.age = age;
}
@Override
public String toString() {
StringBuilder sb = new StringBuilder();
sb.append("Pessoa{nome=").append(nome);
sb.append(", género=").append(género);
sb.append(", age=").append(age);
sb.append(", endereço=").append(endereço);
sb.append(", ").append(super.toString());
sb.append('}');
return sb.toString();
}
}
```

Ter:

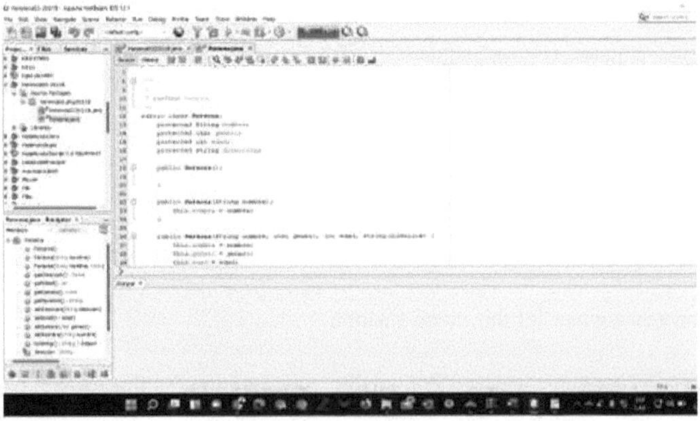

Clique com o botão direito do rato no pacote e adicione uma nova classe com o nome:

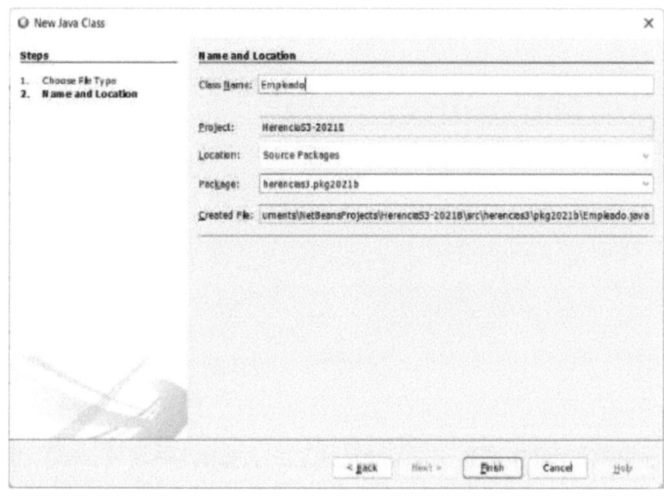

Colocamos o seguinte código:

```
public class Empregado extends Pessoa{
private int idEmpregado;
sueldo duplo privado;
int estático privado counterEmployee;
public Employee(String name, double salary) { super(name);
this.idEmployee = ++Employee.counterEmployee; this.salary = salary;
}
public int getIdEmployee() {
return this.idEmployee;
}
public double getSalary() { return salary;
}
public void setSueldo(double sueldo) { this.sueldo = sueldo;
}
@Override
public String toString() {
StringBuilder sb = new StringBuilder();
sb.append("Empregado{idEmployee=").append(this.idEmployee);
sb.append(", salário=").append(this.salary);
sb.append(", ").append(super.toString());
sb.append('}');
return sb.toString();
}
}
```

Ter:

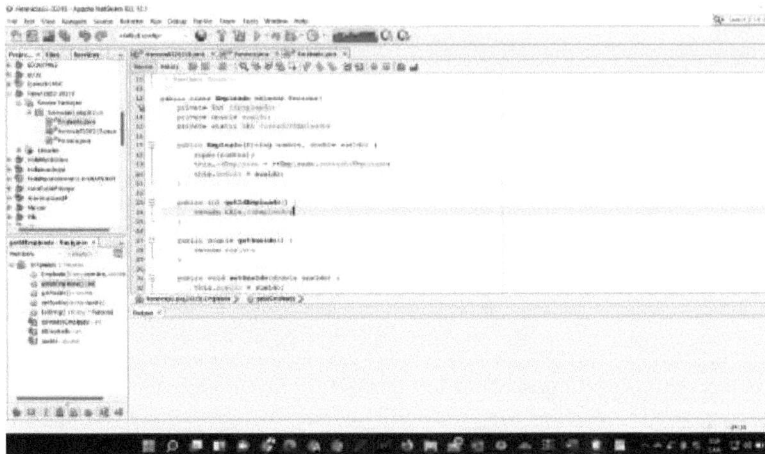

Clique com o botão direito do rato no pacote e adicione uma nova classe com o nome Cliente.

Colocamos este código

```
importar java.util.Date;
public class Cliente extends Pessoa{
private int idClient;
private Date date dateRecord;
private boolean vip;
int estático privado counterClient;
public Cliente(Date fechaRegistro, boolean vip, String nombre, char género, int edad, String direccion){
super(nome, sexo, idade, endereço);
this.idClient = ++Client.counterClient;
this.dateRecord = dateRecord;
this.vip = vip;
}
public int getIdClient() { return idClient;
}
public Date getDateRecord() {
return dateRecord;
}
public void setDateRecord(Date dateRecord) { this.dateRecord = dateRecord;
}
public boolean isVip() { return vip;
}
public void setVip(boolean vip) { this.vip = vip;
}
@Override
public String toString() {
StringBuilder sb = new StringBuilder();
sb.append("Customer{idClient=").append(idClient);
```

```
sb.append(", dateRecord=").append(dateRecord);
sb.append(", vip=").append(vip);
sb.append(", ").append(super.toString());
sb.append('}');
return sb.toString();
}
}
```

Ter:

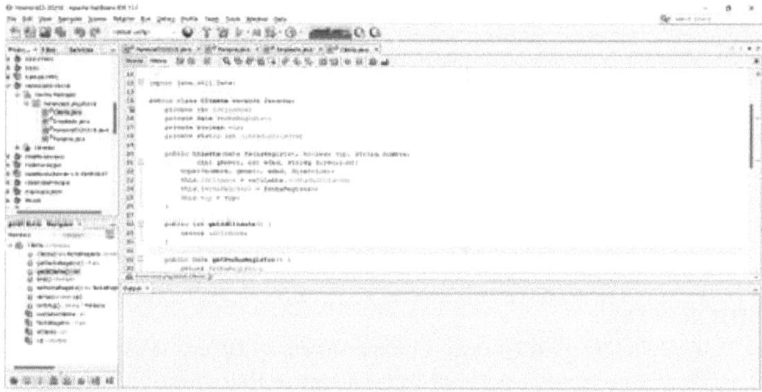

Nós seleccionamos a turma:

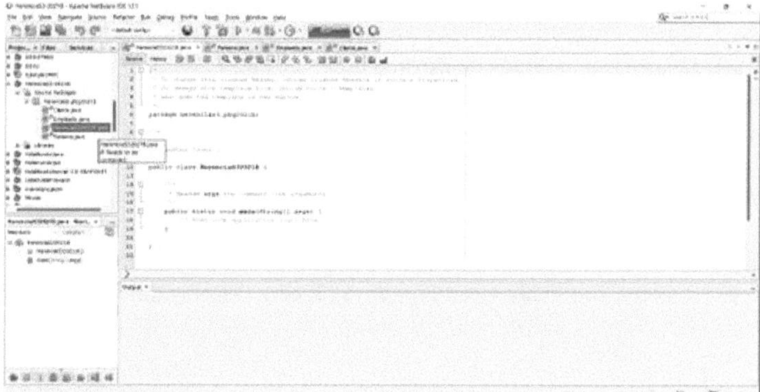

Colocamos o seguinte código:

```
importar java.util.*;
classe pública InheritanceS32021B {
/**
* @param args os argumentos da linha de comando
*/
public static void main(String[] args) { // TODO código de lógica de aplicação aqui
Funcionário employee1 = new Employee("John", 5000.0); System.out.println("employee1 = "
+ employee1);
```

Cliente1 = novo Cliente(nova Data(), true, "Karla", 'F', 28, "Saturno 15")
System.out.println("cliente1 = " + cliente1);
Ter:

Compilamos e executamos:

6. BIBLIOGRAFIA:

- Deitel, P., & Deitel, H. (2017). Java: Como programar (10ª ed.). Pearson.
- Eckel, B. (2017). Pensando em Java (4ª ed.). Prentice Hall.
- Flanagan, D. (2018). Java in a Nutshell: A Desktop Quick Reference (7ª ed.). O'Reilly Media.
- Friesen, J. (2019). Programação Java para iniciantes. Publicado de forma independente.
- Gaddis, T. (2018). Começando com Java: Objetos iniciais (6ª ed.). Pearson.
- Horstmann, C. S. (2019). Core Java, Volume I: Fundamentos (12ª ed.). Pearson.
- Liang, Y. D. (2019). Introdução à programação Java e estruturas de dados (12ª ed.). Pearson.
- Schilde, M. (2016). Java 8 em ação: Lambdas, Streams e programação de estilo funcional. Publicações Manning.
- Sharan, M. (2017). NetBeans: O guia definitivo (2ª ed.). O'Reilly Media.
- Sierra, K., & Bates, B. (2020). Head First Java (3ª ed.). O'Reilly Media.

PRÁTICA 4

1. **TÓPICO:** Classes genéricas em Java
2. **OBJECTIVOS:**

- Adquirir os conceitos básicos relacionados com Java.
- Reconhecer as caraterísticas de Java

3. **OBJECTIVOS DE DESENVOLVIMENTO SUSTENTÁVEL:**

Indicador 4.7: Até 2030, assegurar que todos os aprendentes adquirem os conhecimentos e as competências necessárias para promover o desenvolvimento sustentável, nomeadamente através da educação para o desenvolvimento sustentável e estilos de vida sustentáveis, direitos humanos, igualdade de género, promoção de uma cultura de paz e não-violência, cidadania global e apreço pela diversidade cultural e pela contribuição da cultura para o desenvolvimento sustentável

4. **INTRODUÇÃO:**

O termo genérico significa **tipos parametrizados**. Os tipos parametrizados são importantes porque permitem **criar classes, interfaces e métodos em que o tipo de dados sobre o qual operam é especificado como um parâmetro**. Uma classe, interface ou método que opera num tipo parametrizado é chamado genérico, tal como uma **classe genérica** ou um **método genérico**.

Uma das principais vantagens do código genérico é o facto de funcionar automaticamente com o tipo de dados passado para o seu parâmetro de tipo. Muitos algoritmos são logicamente os mesmos, independentemente do tipo de dados a que se aplicam. Por exemplo, um Quicksort (algoritmo de ordenação) é o mesmo, quer esteja a ordenar elementos Inteiros, String, Objectos ou Thread. Com os genéricos, é possível definir um algoritmo uma vez, independentemente de qualquer tipo de dados específico, e depois aplicar esse algoritmo a uma grande variedade de tipos de dados sem qualquer esforço adicional.

É importante compreender que Java sempre lhe deu a possibilidade de criar classes, interfaces e métodos generalizados, operando sobre referências do tipo **Object**. Como *Object* é a superclasse de todas as outras classes, uma referência *Object* pode referir-se a qualquer tipo de objeto. Assim, no código pré-género, as classes, interfaces e métodos generalizados utilizavam referências a objectos para operar sobre vários tipos de dados.

O problema é que não o podiam fazer com segurança de tipo, porque eram necessárias conversões para converter explicitamente de Object para o tipo real de dados que estava a ser operado. Portanto, era possível criar acidentalmente incompatibilidades de tipos. Os Genbrics adicionam a segurança de tipo em falta porque tornam estas conversões automáticas e contínuas. Em suma, os genbrics melhoram a sua capacidade de reutilizar código e permitem-lhe fazê-lo de forma segura e fiável.

5. DESENVOLVIMENTO:

- Iniciar sessão no Netbeans

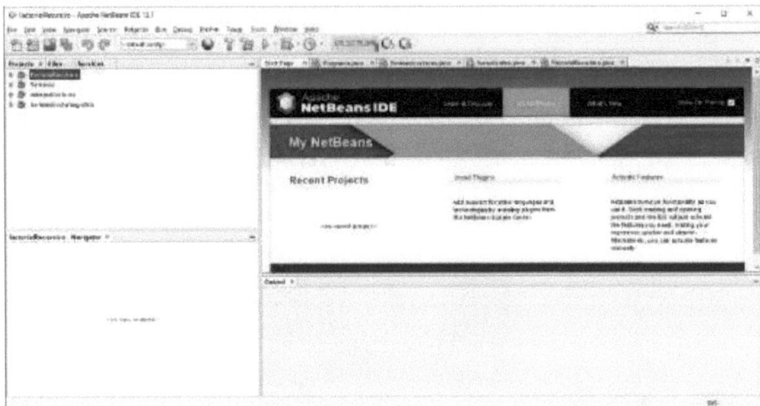

- Criamos um novo projeto:

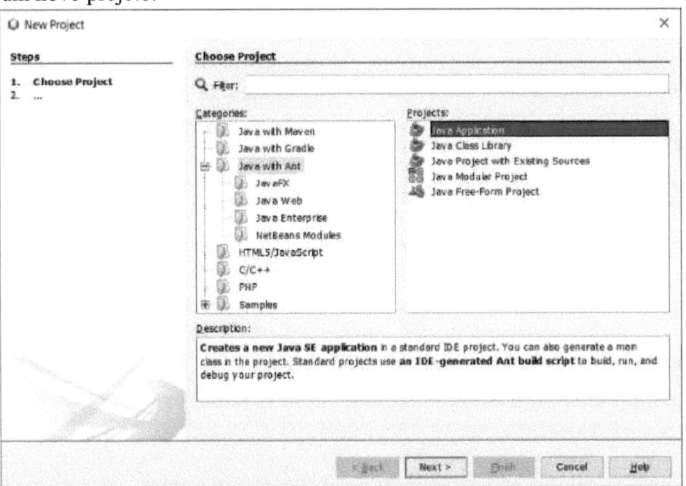

- Colocamos como nome

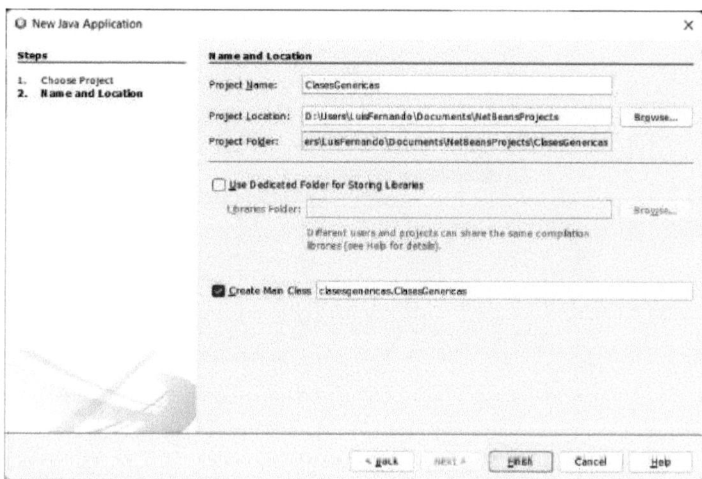

Ter:

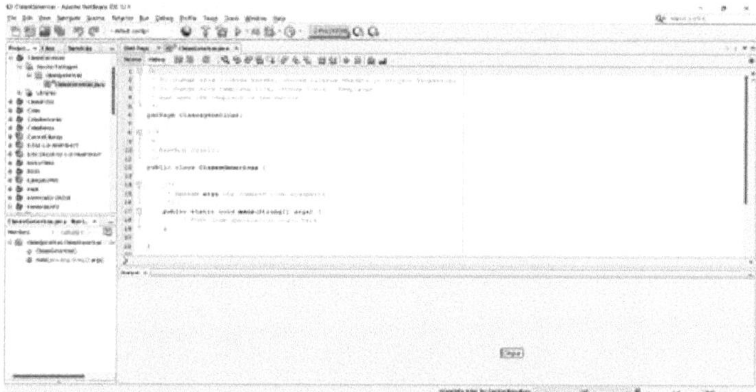

Criamos uma nova classe

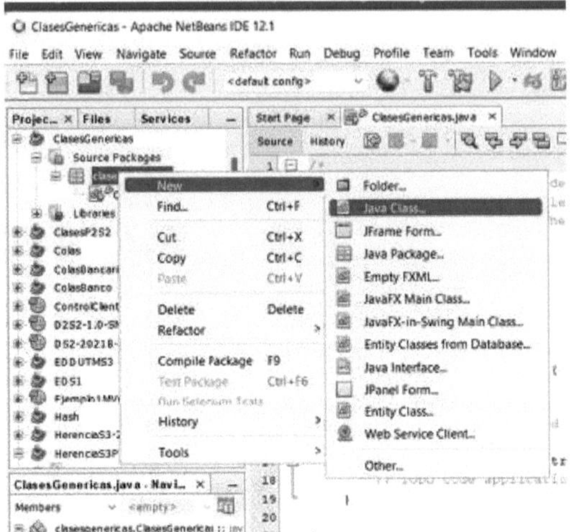

Com o nome:

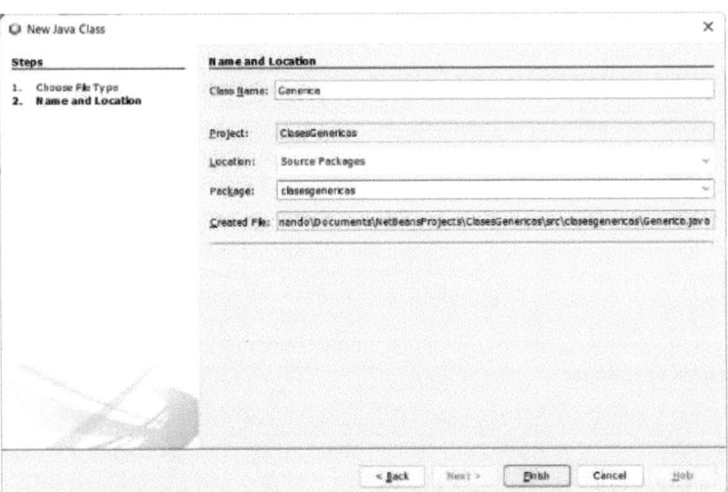

Colocamos o seguinte código:

```
public class Generica <T> {
objeto T privado;
public Generica(T object){ this.object = object;
}
public void getType(){
System.out.println("O tipo T é: " + object.getClass().getSimpleName());
}
}
```

Ter:

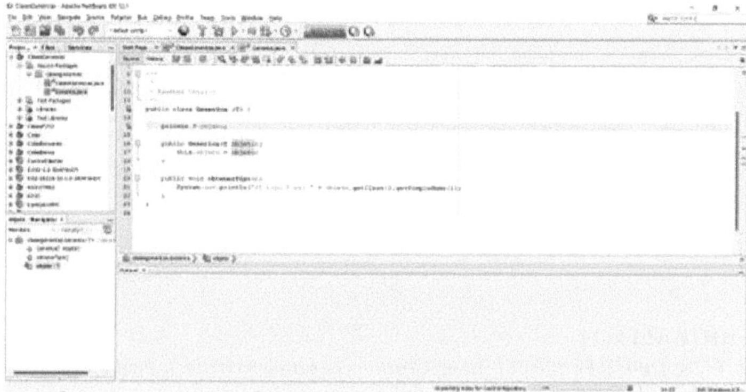

Na sala de aula:

Colocamos o seguinte código: public class GenericaGenericas { public static void main(String[] args) { Generica<Integer> objectInt = new Generica(15); objectInt.getType(); Generica<String> objectString = new Generica("John"); objectString.getType(); }
}
Ter:

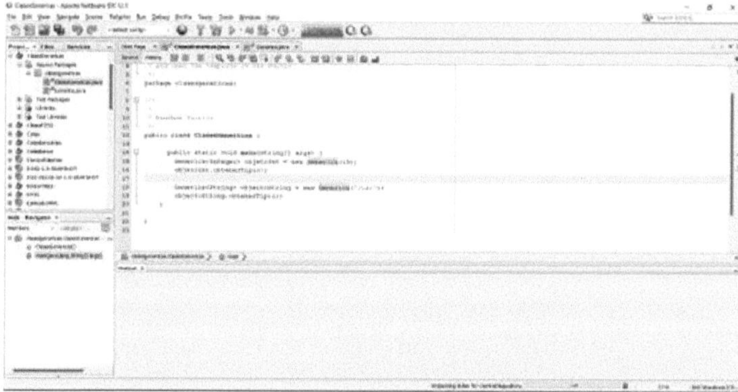

Compilar e executar:

6. BIBLIOGRAFIA:

- Deitel, P., & Deitel, H. (2017). Java: Como programar (10ª ed.). Pearson.
- Eckel, B. (2017). Pensando em Java (4ª ed.). Prentice Hall.
- Flanagan, D. (2018). Java in a Nutshell: A Desktop Quick Reference (7ª ed.). O'Reilly Media.
- Friesen, J. (2019). Programação Java para iniciantes. Publicado de forma independente.
- Gaddis, T. (2018). Começando com Java: Objetos iniciais (6ª ed.). Pearson.
- Horstmann, C. S. (2019). Core Java, Volume I: Fundamentos (12ª ed.). Pearson.
- Liang, Y. D. (2019). Introdução à programação Java e estruturas de dados (12ª ed.). Pearson.
- Schilde, M. (2016). Java 8 em ação: Lambdas, Streams e programação de estilo funcional. Publicações Manning.
- Sharan, M. (2017). NetBeans: O guia definitivo (2ª ed.). O'Reilly Media.
- Sierra, K., & Bates, B. (2020). Head First Java (3ª ed.). O'Reilly Media.

PRÁTICA 5

1. **TÓPICO:** Ficheiros em Java
2. **OBJECTIVOS:**

- Adquirir os conceitos básicos relacionados com Java.
- Reconhecer as caraterísticas de Java

3. **OBJECTIVOS DE DESENVOLVIMENTO SUSTENTÁVEL:**

Indicador 4.7: Até 2030, assegurar que todos os aprendentes adquirem os conhecimentos e as competências necessárias para promover o desenvolvimento sustentável, nomeadamente através da educação para o desenvolvimento sustentável e estilos de vida sustentáveis, direitos humanos, igualdade de género, promoção de uma cultura de paz e não-violência, cidadania global e apreço pela diversidade cultural e pela contribuição da cultura para o desenvolvimento sustentável

4. **INTRODUÇÃO:**

Classe de ficheiros

A classe File é utilizada para **obter informações** sobre ficheiros e diretórios.
Além disso, a classe File permite-lhe criar e eliminar ficheiros e diretórios.
Um objeto da classe Java File **representa** um ficheiro ou diretório.

CONSTRUTORES

A classe fornece os seguintes construtores para criar objectos File: public File(String filename|path);
public File(String path, String filename|path);
public File(File path, String filename|path);
O **caminho** pode ser absoluto ou relativo.

Exemplos que utilizam o primeiro construtor:

1. Cria um Objeto de Ficheiro associado ao ficheiro people.dat no diretório de trabalho:
Ficheiro f = novo ficheiro ("personas.dat");
Neste caso, não é indicado qualquer caminho. Assume-se que o ficheiro se encontra no diretório de trabalho atual.
2. Cria um Objeto de Ficheiro associado ao ficheiro people.dat localizado no diretório files dentro do diretório atual.
Ficheiro f = novo ficheiro ("ficheiros/personas.dat");
Neste caso, o caminho relativo é dado com base no diretório de trabalho atual. Assume-se que o ficheiro people.dat está localizado no diretório files. Por sua vez, o diretório files está localizado dentro do diretório de trabalho atual.
3. Criar um Objeto Ficheiro associado ao ficheiro people.dat, indicando o caminho absoluto:

Ficheiro f = novo ficheiro ("c:/files/pessoas.dat");
O ficheiro está localizado no diretório files. Por sua vez, o diretório files está localizado na raiz da unidade C:
Se a letra da unidade for omitida, é assumida por defeito a letra da unidade onde o projeto está localizado:
Ficheiro f = novo ficheiro ("/files/personas.dat");

Exemplos que utilizam o segundo construtor:

Neste caso, é criado um objeto File cujo caminho (absoluto ou relativo) é indicado na primeira String.

1. Cria um Objeto de Ficheiro associado ao ficheiro people.dat localizado no diretório files dentro do diretório atual.

Ficheiro f = novo ficheiro ("ficheiros", "pessoas.dat");
Neste caso, o caminho relativo é dado com base no diretório de trabalho atual.

2. Criar um Objeto Ficheiro associado ao ficheiro people.dat, indicando o caminho absoluto:

Ficheiro f = novo ficheiro ("/files", "people.dat");
Neste caso, é indicado o caminho absoluto, indicado pela barra no início.

Exemplos que utilizam o terceiro construtor:

Este construtor permite a criação de um objeto File cujo caminho é especificado através de outro objeto File.

1) Criar um Objeto Ficheiro associado ao ficheiro people.dat localizado no diretório files dentro do diretório atual.

Caminho do ficheiro = novo ficheiro ("ficheiros");
Ficheiro f = new File(path, "people.dat");

2. Crie um Objeto de Ficheiro associado ao ficheiro people.dat, indicando o caminho absoluto:

Caminho do ficheiro = novo ficheiro ("/files");
Ficheiro f = new File(path, "people.dat");
Note-se que a criação de um objeto File não significa que o ficheiro ou diretório tenha de existir ou que o caminho esteja correto.
Se não existirem, não será desencadeada qualquer exceção e não será criada qualquer exceção.

5. DESENVOLVIMENTO:

- Iniciar sessão no Netbeans

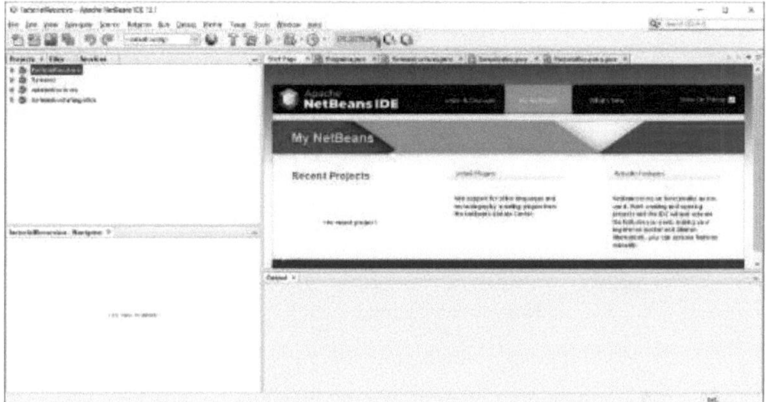

- Criamos um novo projeto:

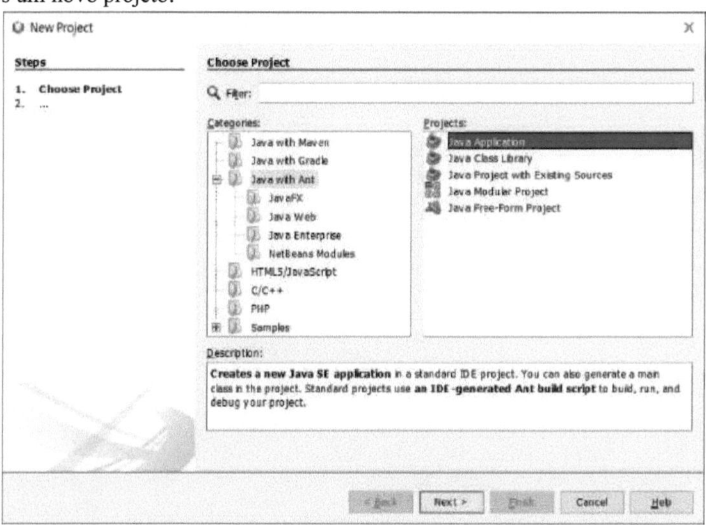

- Colocamos como nome

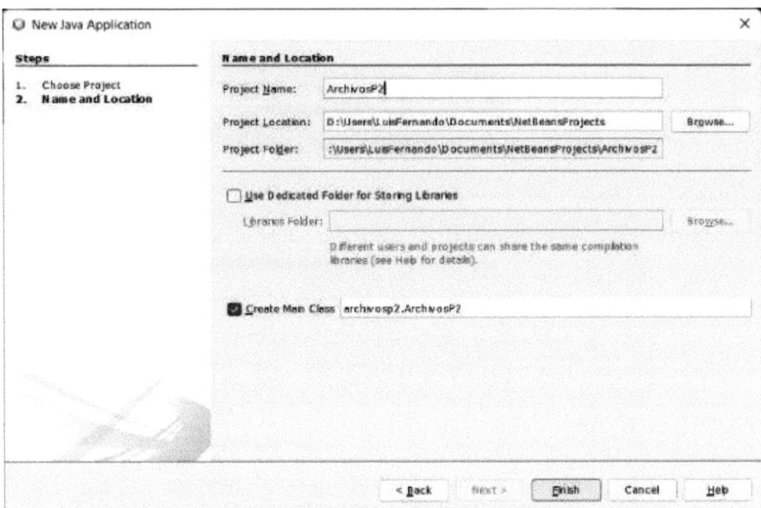
New Java Application
Steps
1. Choose Project
2. Name and Location
Name and Location
Project Name: ArchivosP2
Project Location: D:\Users\LuisFernando\Documents\NetBeansProjects
Browse...
Project Folder: :\Users\LuisFernando\Documents\NetBeansProjects\ArchivosP2
Use Dedicated Folder for Storing Libraries
Libraries Folder:
Browse...
Different users and projects can share the same compilation libraries (see Help for details).
Create Main Class archivosp2.ArchivosP2
< Back
Next >
Finish
Cancel
Help

Ter:

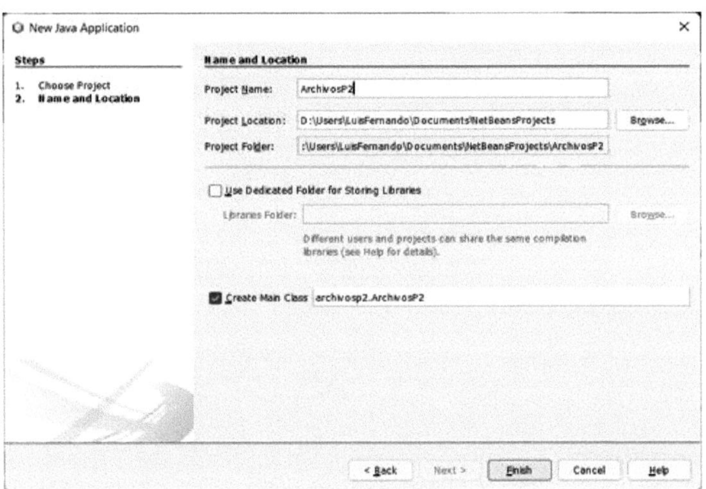
New Java Application
Steps
1. Choose Project
2. Name and Location
Name and Location
Project Name: ArchivosP2
Project Location: D:\Users\LuisFernando\Documents\NetBeansProjects
Browse...
Project Folder: :\Users\LuisFernando\Documents\NetBeansProjects\ArchivosP2
Use Dedicated Folder for Storing Libraries
Libraries Folder:
Browse...
Different users and projects can share the same compilation libraries (see Help for details).
Create Main Class archivosp2.ArchivosP2
< Back
Next >
Finish
Cancel
Help

Ter:

Eliminamos:

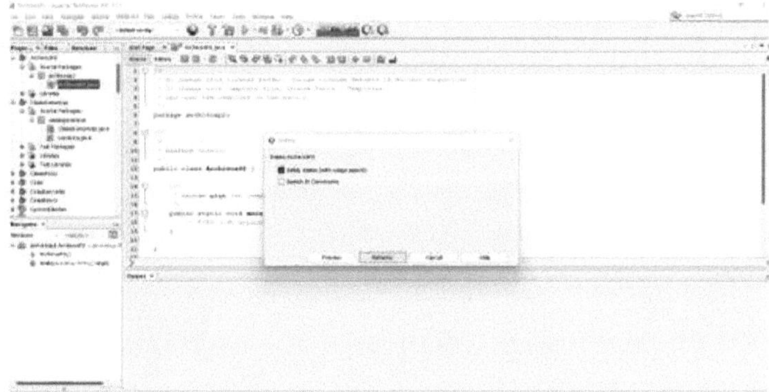

Clique em refactor

Criamos um novo JFrame

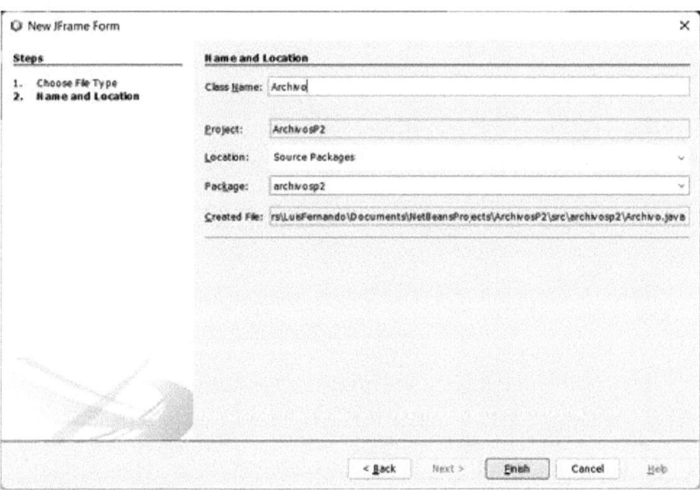

Ter:

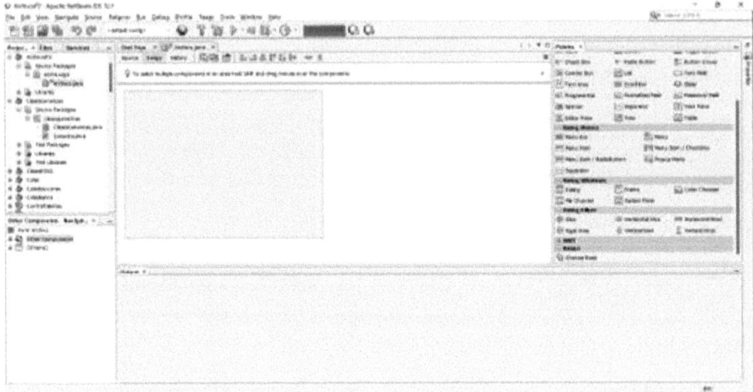

Selecionar uma barra de menu

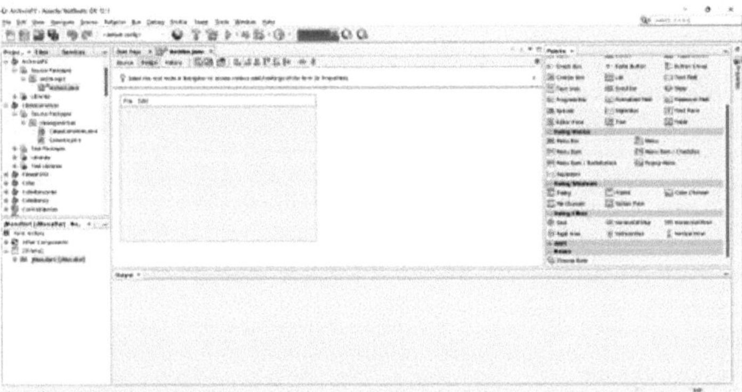

De seguida, inserimos um item de menu na barra de menus.

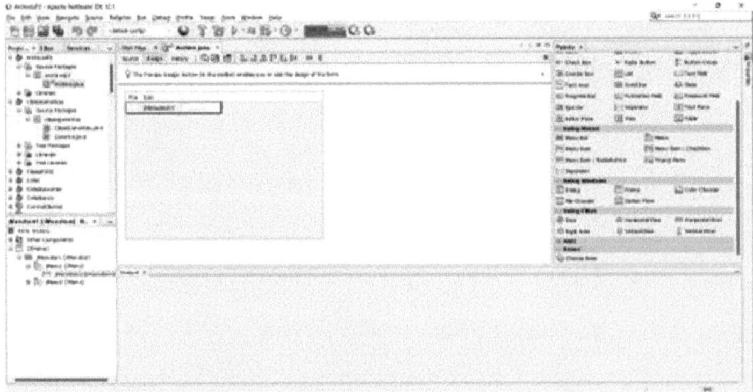

Editamos

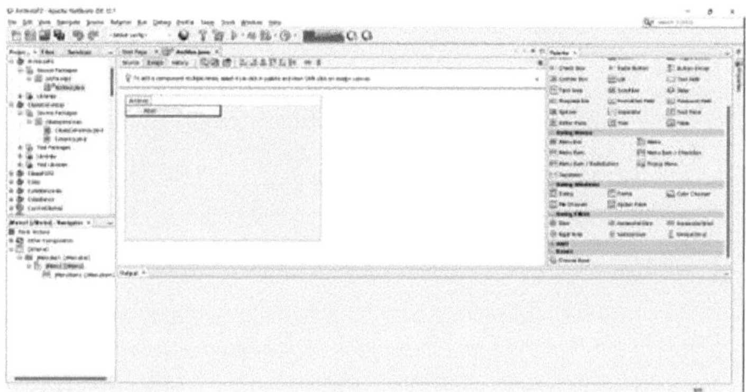

Colocamos um TextArea

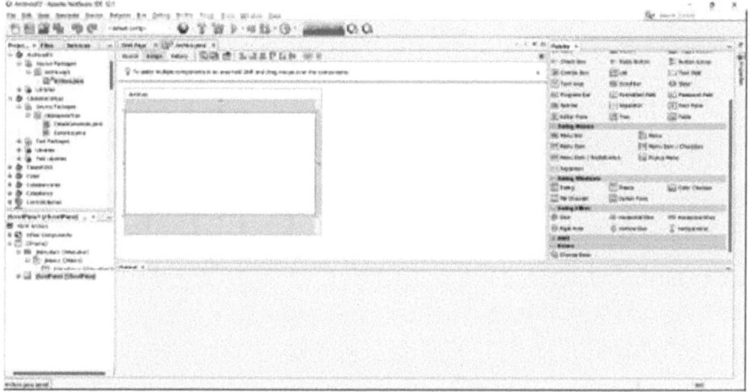

Declaramos as seguintes variáveis e efectuamos as seguintes importações

importar java.io.BufferedReader;
importar java.io.File;
importar java.io.FileNotFoundException;
importar java.io.FileReader;
importar java.io.IOException;
importar java.io.PrintWriter;
importar java.util.logging.Level;
importar java.util.logging.Logger;
importar javax.swing.JFileChooser;
JFileChooser fileChooser;
seleção int;
Ficheiro de ficheiros;
Ter:

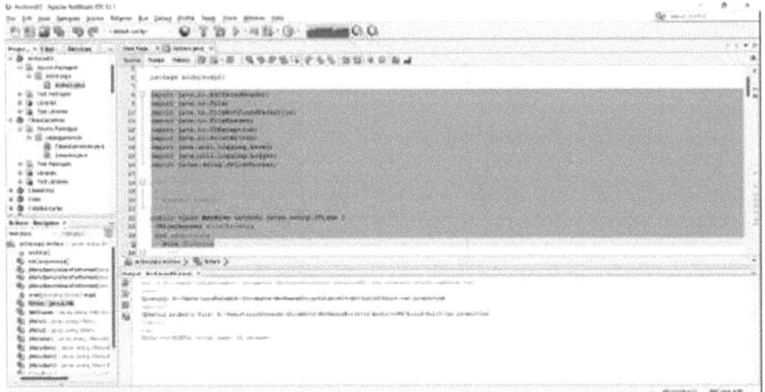

Selecionar o evento seguinte:

Colocamos o seguinte código: fileChooser = new JFileChooser(); selected= fileChooser.showSaveDialog(jTextArea1); file= fileChooser.getSelectedFile(); BufferedReader reader=null; String line=""; try { reader = new BufferedReader(new FileReader(file)); } catch (FileNotFoundException ex) { Logger.getLogger(File.class.getName()).log(Level.SEVERE, null, ex); }
try { line = reader.readLine(); } catch (IOException ex) { Logger.getLogger(File.class.getName()).log(Level.SEVERE, null, ex); }
enquanto (linha != nula) {
jTextArea1.append(line); jTextArea1.append(System.getProperty("line.separator")); try { line = reader.readLine(); } catch (IOException ex) { Logger.getLogger(File.class.getName()).log(Level.SEVERE, null, ex); }
}
Ter:

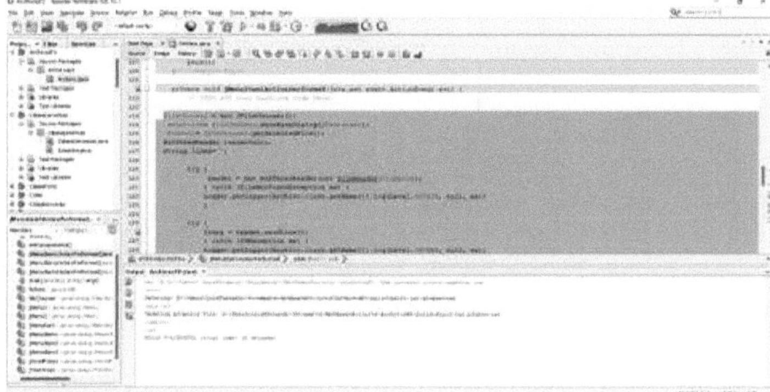

Vamos ao layout e colocamos o seguinte:

Ter:

Mude para Editar e adicione um novo item de menu.

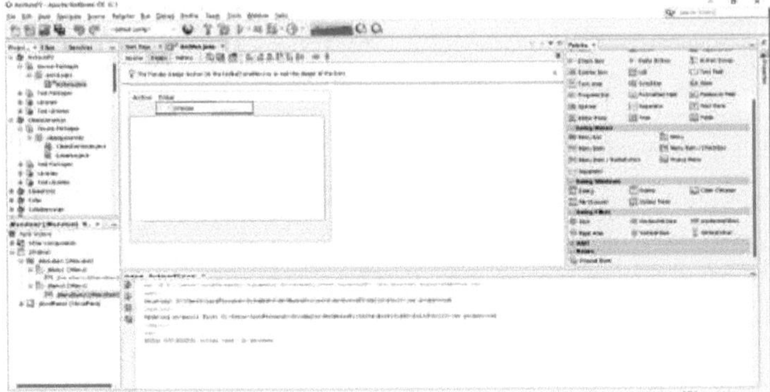

No evento:

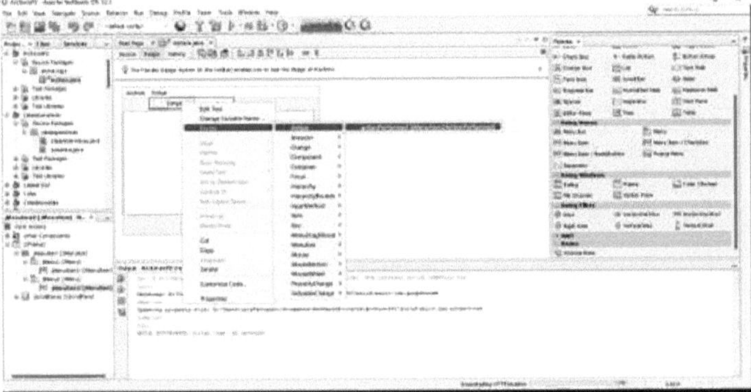

Colocamos o seguinte código:

jTextArea1.setText(" ");

Ter:

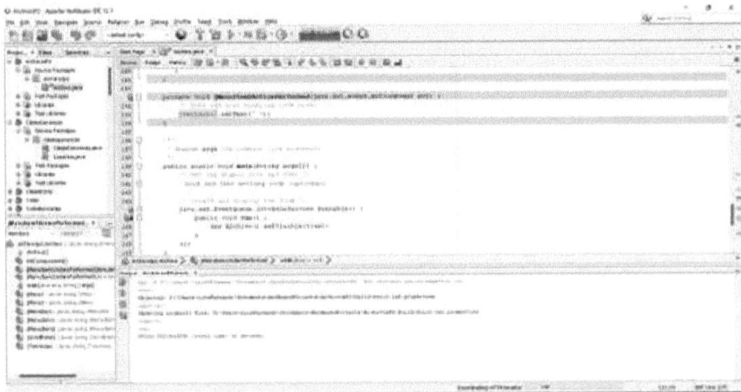

Colocamos outro item de Menu, com o nome de guardar

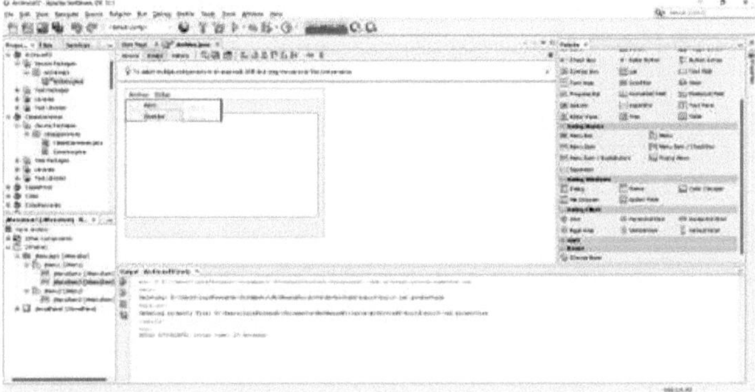

Selecionar o evento:

Compilar e executar:

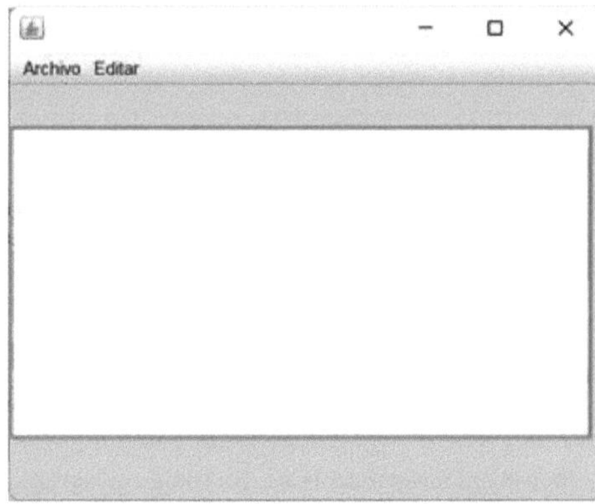

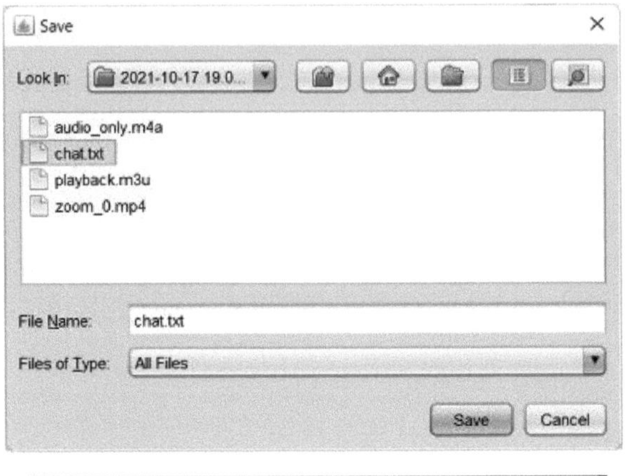

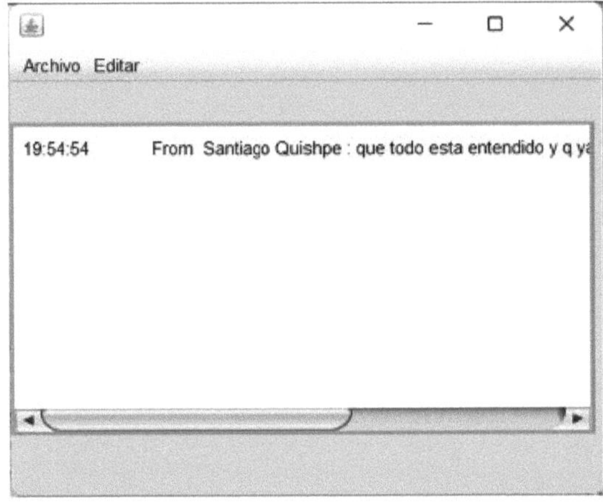

6. BIBLIOGRAFIA:

- Deitel, P., & Deitel, H. (2017). Java: Como programar (10ª ed.). Pearson.
- Eckel, B. (2017). Pensando em Java (4ª ed.). Prentice Hall.
- Flanagan, D. (2018). Java in a Nutshell: A Desktop Quick Reference (7ª ed.). O'Reilly Media.
- Friesen, J. (2019). Programação Java para iniciantes. Publicado de forma independente.
- Gaddis, T. (2018). Começando com Java: Objetos iniciais (6ª ed.). Pearson.
- Horstmann, C. S. (2019). Core Java, Volume I: Fundamentos (12ª ed.). Pearson.
- Liang, Y. D. (2019). Introdução à programação Java e estruturas de dados (12ª ed.). Pearson.
- Schilde, M. (2016). Java 8 em ação: Lambdas, Streams e programação de estilo funcional. Publicações Manning.
- Sharan, M. (2017). NetBeans: O guia definitivo (2ª ed.). O'Reilly Media.
- Sierra, K., & Bates, B. (2020). Head First Java (3ª ed.). O'Reilly Media.

PRÁTICA 6

1. **TÓPICO: Bases** de dados Java
2. **OBJECTIVOS:**

- Adquirir os conceitos básicos relacionados com Java.
- Reconhecer as caraterísticas de Java

3. **OBJECTIVOS DE DESENVOLVIMENTO SUSTENTÁVEL:**

Indicador 4.7: Até 2030, assegurar que todos os aprendentes adquirem os conhecimentos e as competências necessárias para promover o desenvolvimento sustentável, nomeadamente através da educação para o desenvolvimento sustentável e estilos de vida sustentáveis, direitos humanos, igualdade de género, promoção de uma cultura de paz e não-violência, cidadania global e apreço pela diversidade cultural e pela contribuição da cultura para o desenvolvimento sustentável

4. **INTRODUÇÃO:**

Uma base de dados é uma série de tabelas que contêm informações organizadas numa estrutura que facilita o acesso a essas tabelas, a sua ordenação e a seleção de linhas das tabelas de acordo com critérios específicos. As bases de dados têm geralmente *índices* associados a algumas das suas colunas, para que o acesso seja o mais rápido possível.

As bases de dados são, sem dúvida, as estruturas mais utilizadas nos computadores; são o coração de sistemas tão complexos como o recenseamento de uma nação, a folha de pagamentos de uma empresa, o sistema de faturação de uma multinacional ou o meio pelo qual nos é emitido o bilhete para as nossas próximas férias.

No caso, por exemplo, do registo de empregados de uma empresa, pode imaginar-se uma tabela com os nomes e endereços dos empregados, bem como salários, deduções e benefícios. Para organizar esta informação, pode começar por uma tabela com os nomes dos empregados, as suas moradas e números de telefone. Pode também incluir informações sobre o salário, a categoria, o último aumento salarial, etc.

Será que tudo isto pode ser colocado numa única tabela? Quase de certeza que não. É provável que os intervalos salariais de diferentes empregados sejam os mesmos, pelo que pode otimizar a tabela armazenando apenas o tipo de salário na tabela de *empregados* e os intervalos salariais (em euros) noutra tabela, indexada através do tipo de salário. Por exemplo

Key	Nombre	Tipo de Salario
1	Pérez	2
2	García	1
3	Cabrera	2
4	López	3
5	Gómez	1

Tipo de Salario	Mínimo	Máximo
1	1100	1200
2	1200	1500
3	1500	1800

Os dados da coluna *Rubrica salarial* referem-se ao segundo quadro. Pode imaginar muitas categorias para estas tabelas secundárias, como por exemplo a província de residência e as taxas de retenção de impostos, ou se tem seguro de vida, casa própria, carro, apartamento na praia, casa no campo, etc. Cada tabela tem uma primeira coluna que serve de chave para as outras colunas, que já contêm dados. A construção de tabelas em bases de dados é uma arte e uma ciência, e a sua estrutura é designada por *forma normal.* Diz-se que as tabelas estão na primeira, segunda ou terceira forma normal, ou na forma abreviada como 1NF, 2NF ou 3NF.

- Cada célula da tabela deve ter apenas um valor (nunca um conjunto de valores). **(1NF)**
- 1NF e cada coluna não-chave é completamente dependente da coluna-chave. Isto significa que existe uma relação de um para um entre a chave primária e as restantes células da linha (**2NF**).
- (2NF) e todas as colunas não-chave são mutuamente independentes. Isto significa que não existem colunas de dados que contenham dados calculados a partir dos dados de outras colunas. **(3NF)**

Atualmente, todas as bases de dados são construídas de forma a que todas as suas tabelas estejam na Terceira Forma Normal (3NF); ou seja, as bases de dados são constituídas por um número bastante elevado de tabelas, cada uma com relativamente poucas colunas de informação.

Ao extrair dados das tabelas, são efectuadas consultas às mesmas. Por exemplo, se quiser gerar uma tabela de empregados e respectivas faixas salariais para algum tipo de plano especial da empresa, essa tabela não existe diretamente na base de dados, pelo que tem de ser construída através de uma consulta à base de dados, obtendo-se uma tabela com as seguintes informações

Nombre	Mínimo	Máximo
Pérez	1200	1500
García	1100	1200
Cabrera	1200	1500
López	1500	1800
Gómez	1100	1200

Ou talvez por imposição do aumento salarial:

Nombre	Mínimo	Máximo
García	1100	1200
Gómez	1100	1200
Pérez	1200	1500
Cabrera	1200	1500
López	1500	1800

Para gerar o quadro acima, seria necessário efetuar uma consulta à base de dados com o seguinte formato

SELECT DISTINCTROW Employees.Name, WageType.Minimum, WageType.Maximum
FROM Employees INNER JOIN WageType ON Employees.WageKey =
WageType.WageKey
ORDER BY WageType.Minimum;

A linguagem em que a consulta é escrita é a SQL, atualmente suportada por quase todas as bases de dados do mundo. As normas SQL têm sido várias ao longo dos anos e muitas das bases de dados de PC suportam alguns destes tipos. A norma **SQL-92** é a que é considerada a fonte de todas as actualizações. É de notar que existem versões posteriores da SQL, refinadas e alargadas para explorar caraterísticas únicas de determinadas bases de dados, pelo que não se deve afastar da norma de base se pretender criar uma aplicação que possa atacar qualquer tipo de base de dados. No final do capítulo, o leitor pode encontrar uma breve revisão da linguagem SQL.

Desde que os PCs se tornaram uma ferramenta omnipresente na maioria dos escritórios, foi desenvolvido um grande número de bases de dados para funcionar nessas plataformas; desde bases de dados muito elementares, como o *Microsoft Works*, até bases de dados bastante sofisticadas, como o *Approach*, *dBase*, *Paradox*, *Access* e *Foxbase*.

Outra categoria mais séria de bases de dados para PC são as que utilizam a plataforma PC como cliente para aceder a um servidor. Estas bases de dados são *IBM DB/2*, *Microsoft SQL Server*, *Oracle*, *Sybase*, *SQLBase*, *Informix*, *XDB* e *Postgres*. Todas estas bases de dados suportam vários dialectos semelhantes de SQL e todas parecem, à primeira vista, ser permutáveis. A razão pela qual não são permutáveis é, naturalmente, o facto de cada uma delas ter sido concebida com caraterísticas de desempenho, interface de utilizador e programação diferentes. Embora todas suportem SQL e a programação seja semelhante, cada base de dados tem a sua própria forma de receber as consultas SQL e a sua própria forma de devolver os resultados. É aqui que entra o próximo nível de normalização, com o **ODBC** (*Open DataBase Connectivity*).

A ideia é que se possa escrever código independentemente do proprietário da base de dados a que se pretende aceder, para que se possam extrair resultados semelhantes de diferentes tipos de bases de dados sem tocar no código do programa. Se fosse possível escrever alguma forma de traceroute para estas bases de dados com uma interface semelhante, o objetivo não seria difícil de alcançar.

A Microsoft fez a sua primeira tentativa em 1992, com a especificação denominada *Object Database Connectivity*, que era suposto ser a resposta para a ligação a qualquer tipo de base de dados a partir do Windows. Como acontece com qualquer aplicação informática, esta não foi a única versão, mas houve várias até à versão de 1994, que era mais rápida e mais estável, para além de ser a primeira das versões de 32 bits. E como se isso não bastasse, o ODBC começou a mover-se para outras plataformas para além do Windows, conquistando não só o mundo dos PCs mas também o das estações de trabalho. De tal forma que, atualmente, quase todos os fabricantes de bases de dados fornecem um *controlador* ODBC para aceder à sua base de dados.

No entanto, o ODBC está longe de ser a panaceia que inicialmente se poderia pensar e que a Microsoft gostaria de fazer crer. Muitos fornecedores de bases de dados suportam o ODBC como *uma interface alternativa* à sua norma e a programação ODBC está longe de ser trivial, incluindo toda a parafernália da programação Windows com *handles*, ponteiros e opções difíceis de assimilar. Por último, o ODBC não é uma norma livre, foi desenvolvido e é propriedade da Microsoft, o que, tendo em conta os ventos que sopram neste mundo competitivo das empresas de software, torna o seu futuro difícil de prever.

5. DESENVOLVIMENTO:

- Iniciar sessão no Netbeans

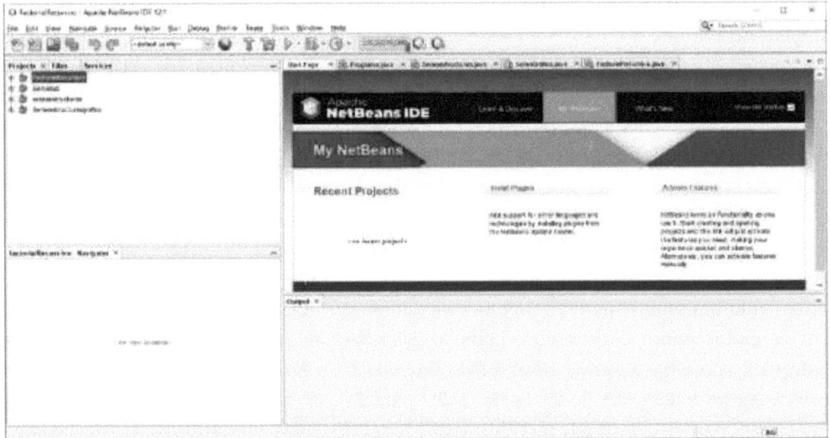

- Criamos um novo projeto:

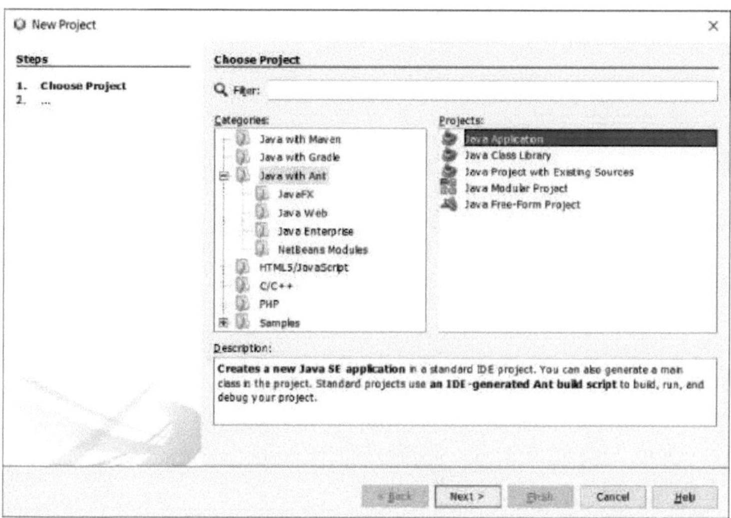

- Colocamos como nome:

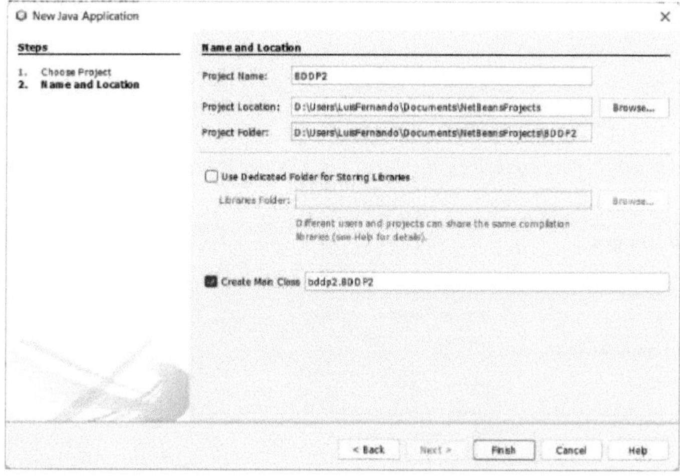

Ter:

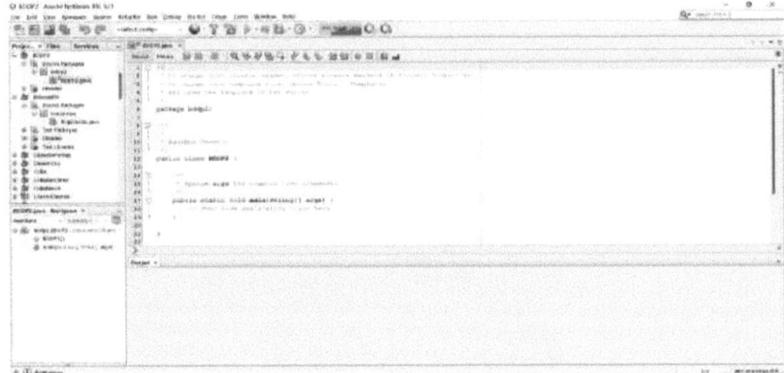

Retiramos a classe

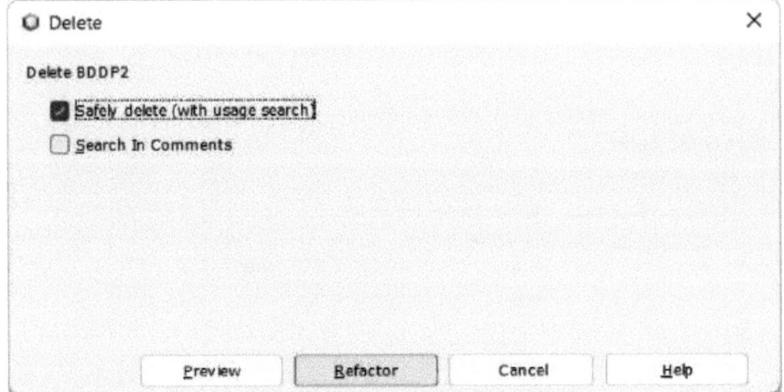

Criamos um JFrame:

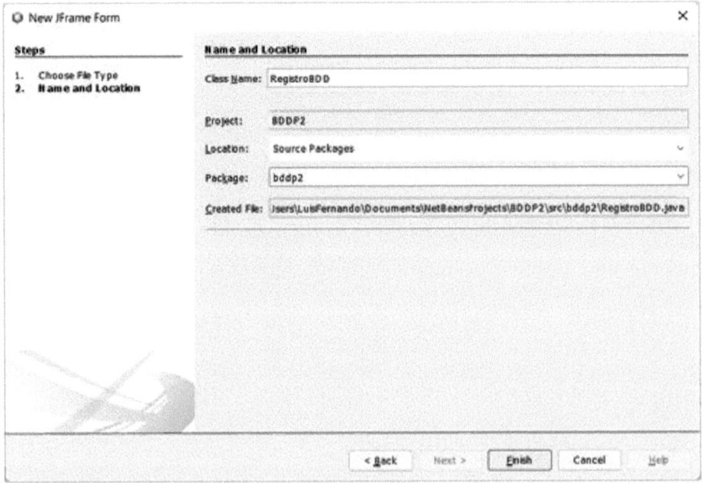

Criamos a seguinte estrutura:

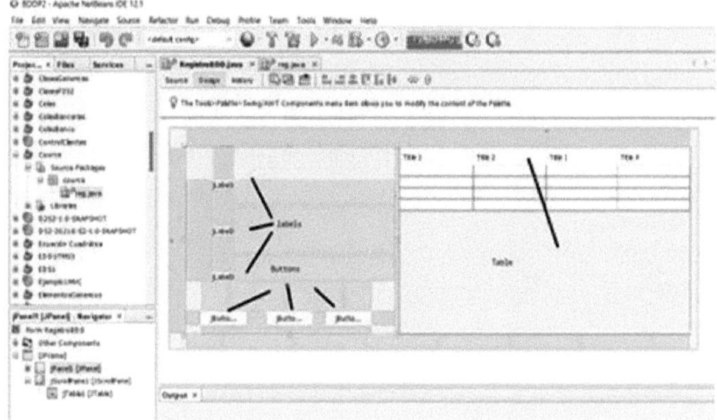

Colocamos os seguintes nomes:

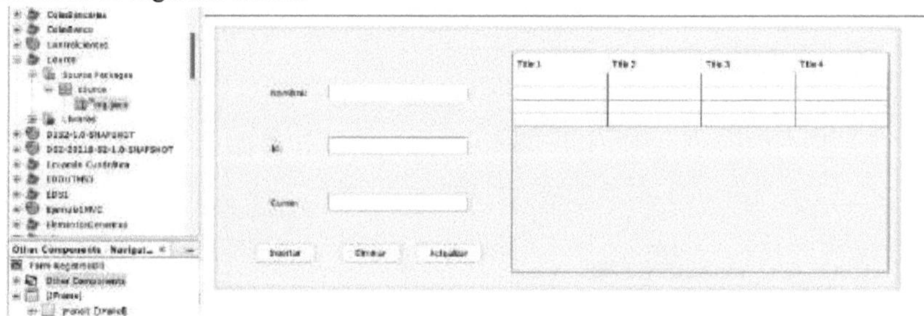

A partir das seguintes ligações, descarregamos o XAMPP e o conetor mysql
XAMPP: https://mega.nz/folder/nAF3BCJA#vjGm2WjiUuX1ecgbFfLaXw
MYSQL: https://mega.nz/folder/SIVTxYxT#IkUAx3FPH82ORHMjKkqmNw
Instalamos o XAMPP
Clique com o botão direito do rato nas bibliotecas

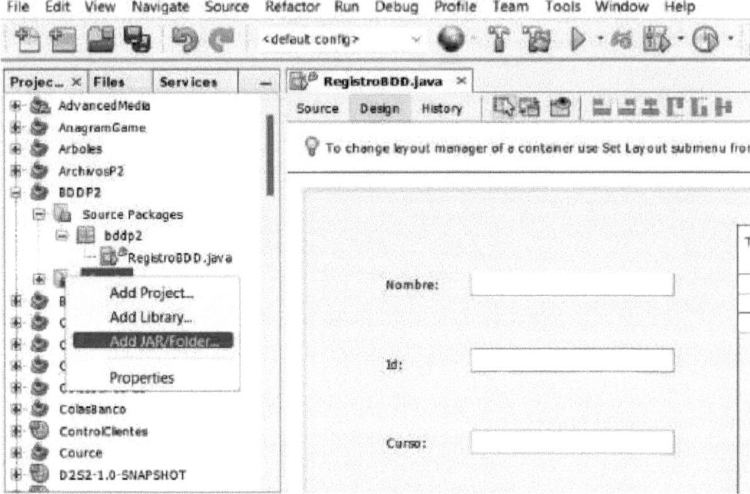

Clique em Adicionar Jarro/Pasta e selecione o conetor transferido.

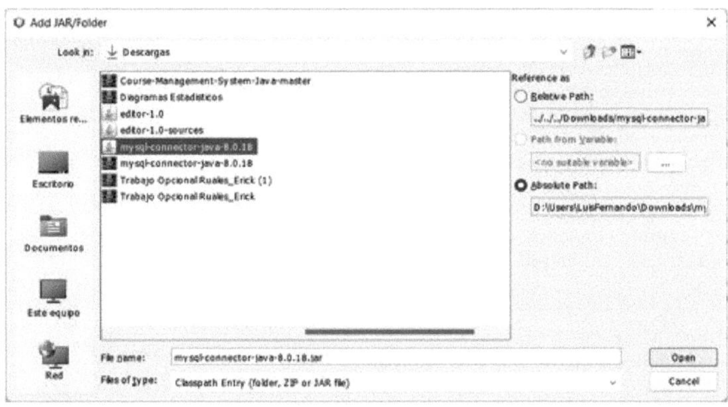

Ter

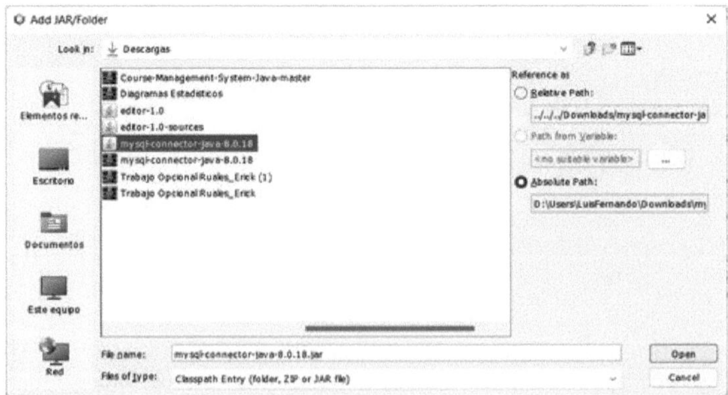

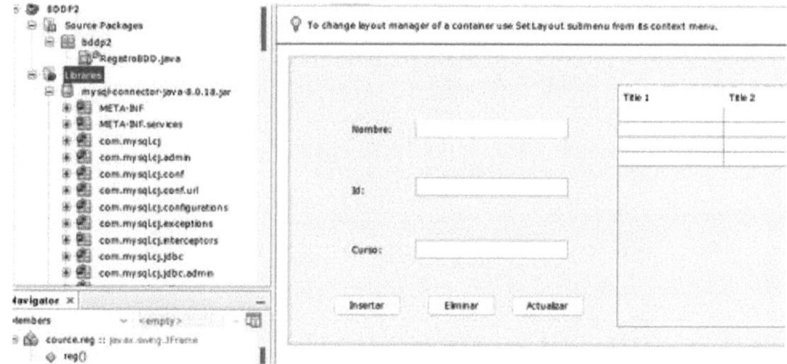

Inicialize o XAMPP clicando em Iniciar em Apache e MySql.

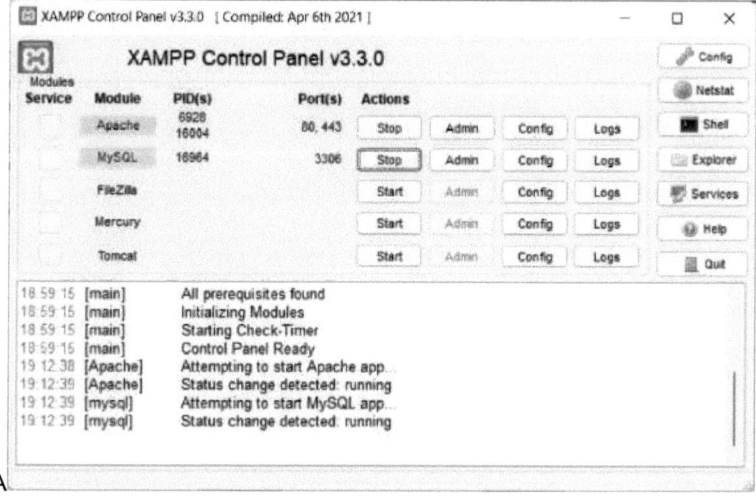

A

No browser colocamos:

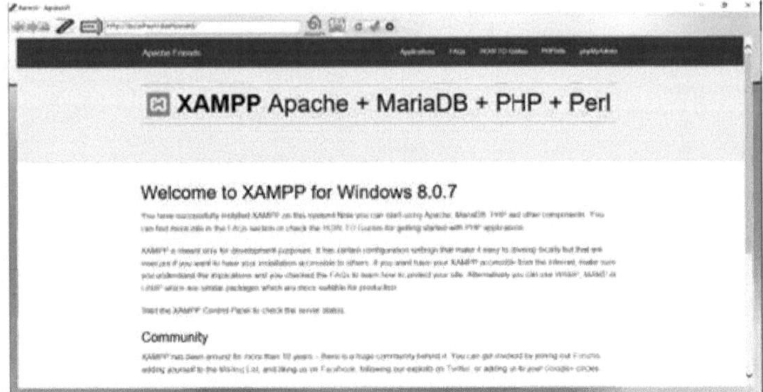

Clique em phpMyAdmin

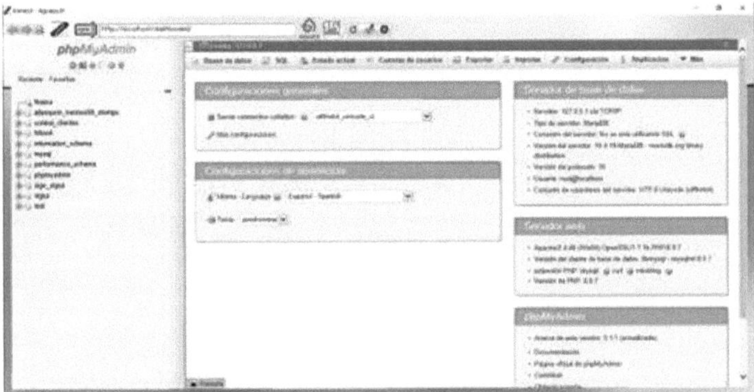

Clique em Novo e introduza o seguinte nome:

Criamos uma tabela com 4 campos

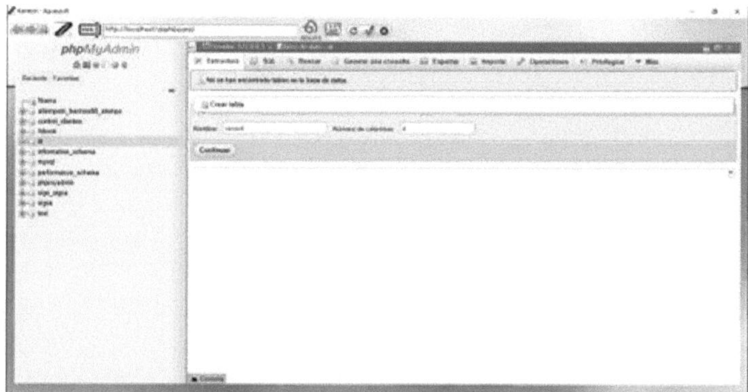

Nomeamos os campos

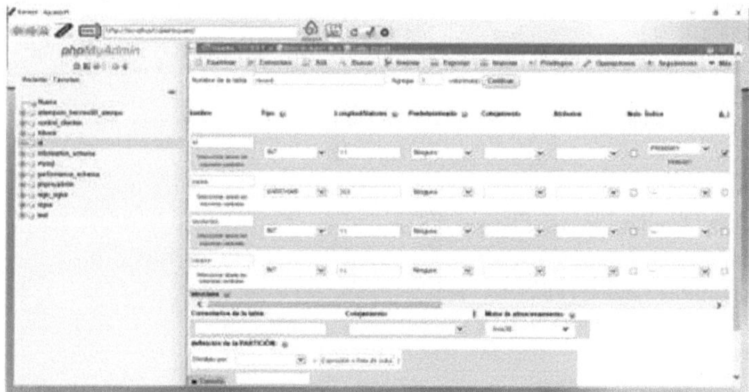

Clique em guardar:

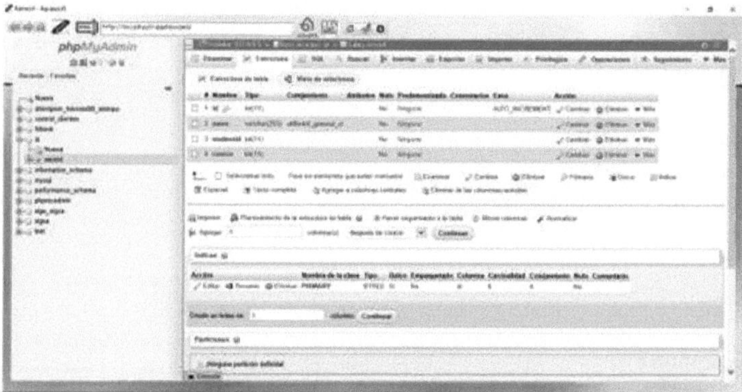

Chamamos a biblioteca: import java.sql.*;

Criamos as seguintes variáveis:

Ligação con1;

PreparedStatement insert;

Ter:

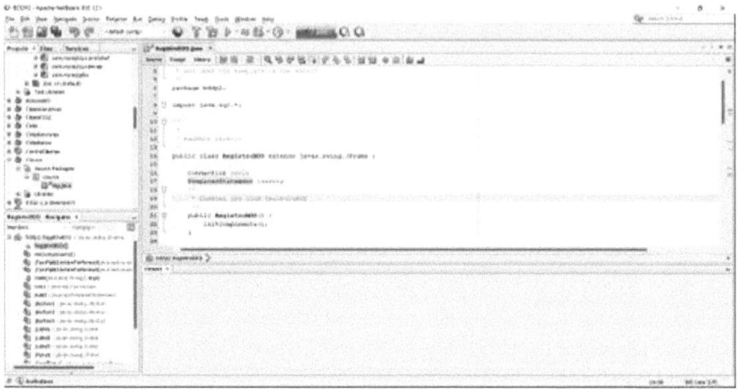

Incluímos as seguintes importações

```
importar java.util.*;
importar javax.swing.table.DefaultTableModel;
```

Criamos a seguinte função:

```
private void table_update() {
int CC;
tentar {
Class.forName("com.mysql.jdbc.Driver");
con1 = DriverManager.getConnection("jdbc:mysql://localhost/iit", "root","");
insert = con1.prepareStatement("SELECT * FROM record");
ResultSet Rs = insert.executeQuery();
ResultSetMetaData RSMD = Rs.getMetaData();
CC = RSMD.getColumnCount();
DefaultTableModel DFT = (DefaultTableModel) jTable1.getModel();
DFT.setRowCount(0);
enquanto (Rs.next()) {
Vetor v2 = novo Vetor();
for (int ii = 1; ii <= CC; ii++) {
v2.add(Rs.getString("id"));
v2.add(Rs.getString("name"));
v2.add(Rs.getString("studentid"));
v2.add(Rs.getString("cource"));
}
DFT.addRow(v2);
}
} catch (Exception e) {
}
```

Ter:

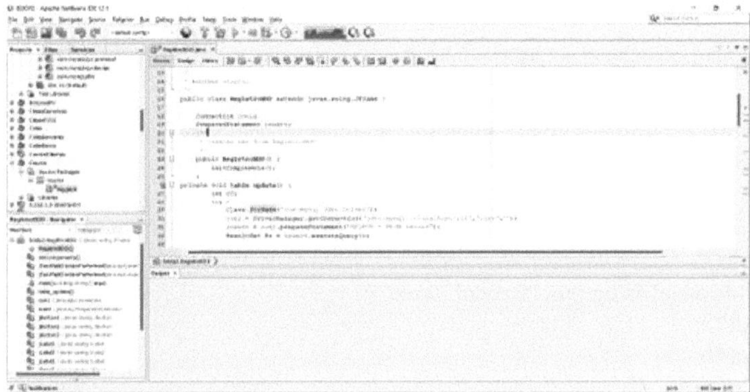

No construtor, colocamos:
public RegistroBDD() { initComponents(); table_update();
}

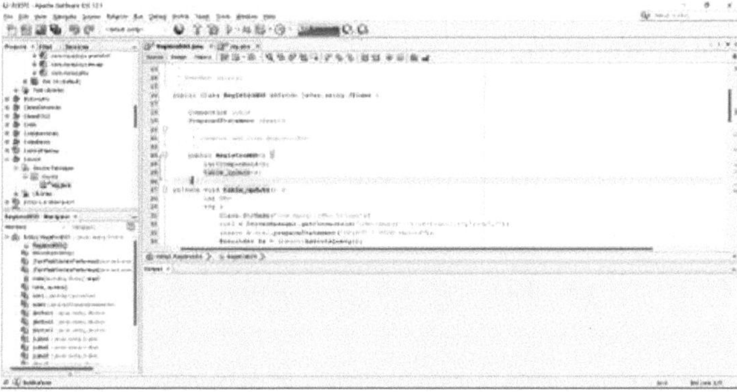

Faça duplo clique no botão de inserção:

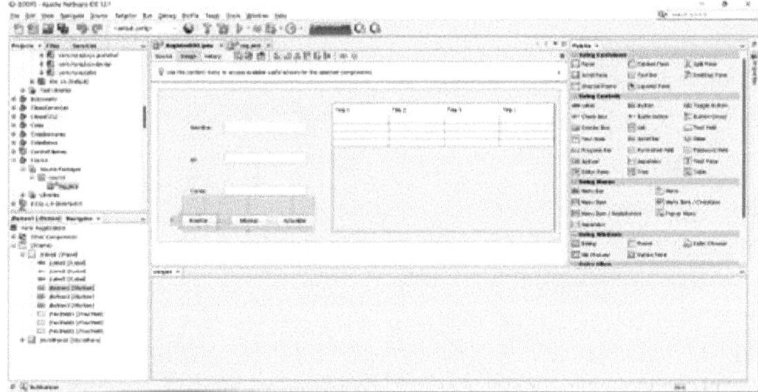

E colocamos o seguinte código:
String name =jTextField1.getText();
String studentId =jTextField2.getText();

```
String cource =jTextField3.getText();
tentar {
Class.forName("com.mysql.jdbc.Driver");
con1 = DriverManager.getConnection("jdbc:mysql://localhost/iit", "root","");
insert = con1.prepareStatement("insert into record(name,studentid,cource)values(?,???,??)");
insert.setString(1, name);
insert.setString(2, studentId);
insert.setString(3, cource);
insert.executeUpdate();
JOptionPane.showMessageDialog(this, "Record Saved");
jTextField1.setText("");
jTextField2.setText("");
jTextField3.setText("");
jTextField1.requestFocus();
table_update();
} catch (ClassNotFoundException ex) {
Logger.getLogger(LogBDD.class.getName()).log(Level.SEVERE, null, ex);
} catch (SQLException ex) {
Logger.getLogger(LogBDD.class.getName()).log(Level.SEVERE, null, ex); }
```

Ter:

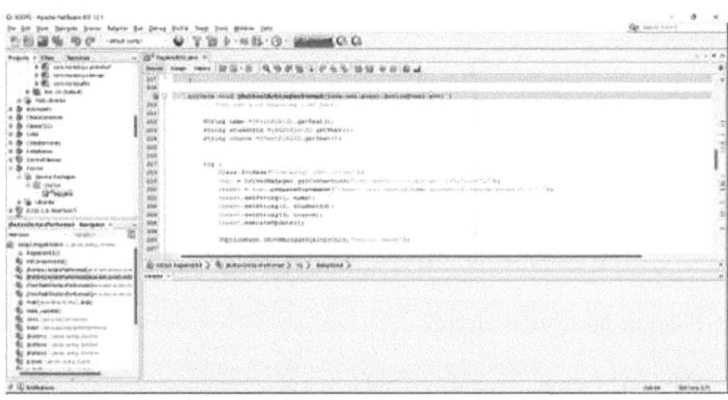

Clicar duas vezes no botão de eliminação

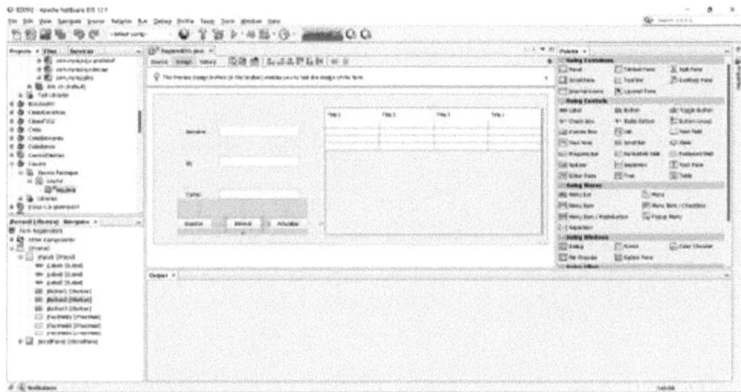

Colocamos o seguinte código:

```
DefaultTableModel model = (DefaultTableModel) jTable1.getModel();
int selectedIndex = jTable1.getSelectedRow();
tentar {
int id = Integer.parseInt(model.getValueAt(selectedIndex, 0).toString());
int dialogResult = JOptionPane.showConfirmDialog (null, "Pretende apagar o registo??",
"Warning",JOptionPane.YES_NO_OPTION);
se(dialogResult == JOptionPane.YES_OPTION){
Class.forName("com.mysql.jdbc.Driver");
con1 = DriverManager.getConnection("jdbc:mysql://localhost/iit", "root","");
insert = con1.prepareStatement("delete from record where id = ?");
insert.setInt(1,id);
insert.executeUpdate();
JOptionPane.showMessageDialog(this, "Record Delete");
jTextField1.setText("");
jTextField2.setText("");
jTextField3.setText("");
table_update();
}
} catch (ClassNotFoundException ex) {
} catch (SQLException ex) {
}
```

Ter:

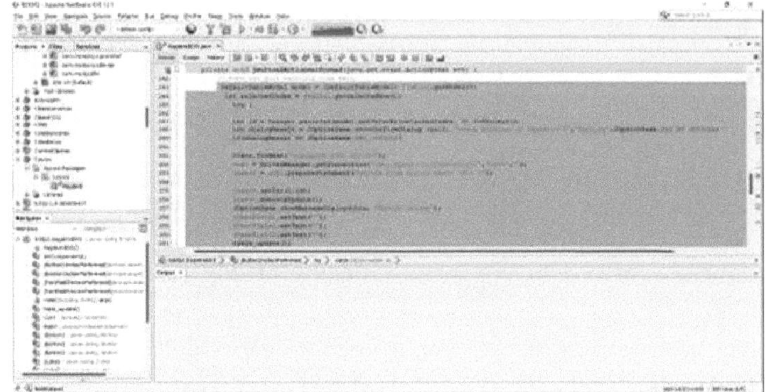

Fazer duplo clique no botão de atualização

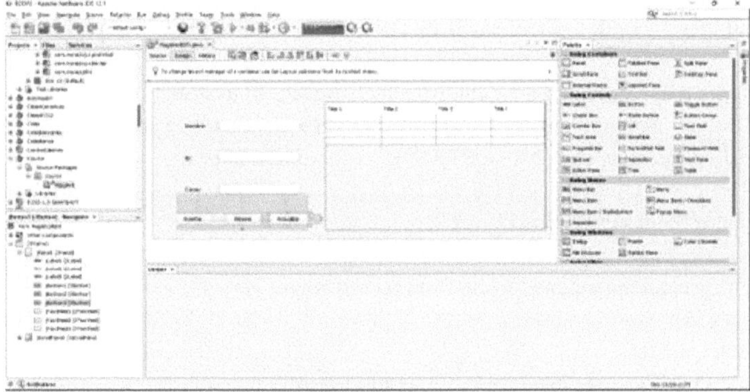

```
DefaultTableModel model = (DefaultTableModel) jTable1.getModel();
int selectedIndex = jTable1.getSelectedRow();
tentar {
int id = Integer.parseInt(model.getValueAt(selectedIndex, 0).toString());
String name =jTextField1.getText();
String studentId =jTextField2.getText();
String cource =jTextField3.getText();
Class.forName("com.mysql.jdbc.Driver");
con1 = DriverManager.getConnection("jdbc:mysql://localhost/iit", "root","");
insert = con1.prepareStatement("update record set name= ?,studentid= ?,cource= where id=
?");
insert.setString(1,name);
insert.setString(2,studentId);
insert.setString(3,cource);
insert.setInt(4,id);
insert.executeUpdate();
JOptionPane.showMessageDialog(this, "Registo atualizado");
jTextField1.setText("");
jTextField2.setText("");
```

```
jTextField3.setText("");
table_update();
} catch (ClassNotFoundException ex) {
} catch (SQLException ex) {
}
```

Ter:

Activamos o evento

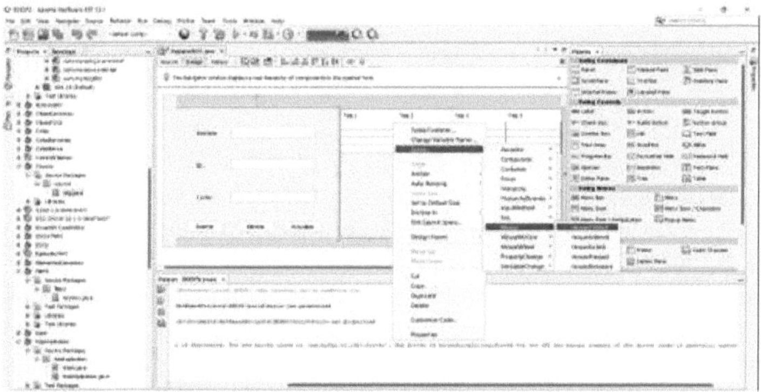

Colocamos o seguinte código:

```
DefaultTableModel DFT = (DefaultTableModel) jTable1.getModel();
int selectedRow = jTable1.getSelectedRow();
jTextField1.setText(DFT.getValueAt(selectedRow, 1).toString());
jTextField2.setText(DFT.getValueAt(selectedRow, 2).toString());
jTextField3.setText(DFT.getValueAt(selectedRow, 3).toString());
```

Ter:

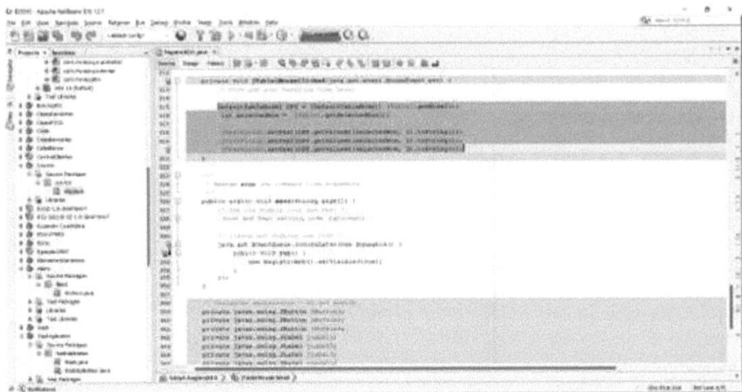

Compilar e executar:

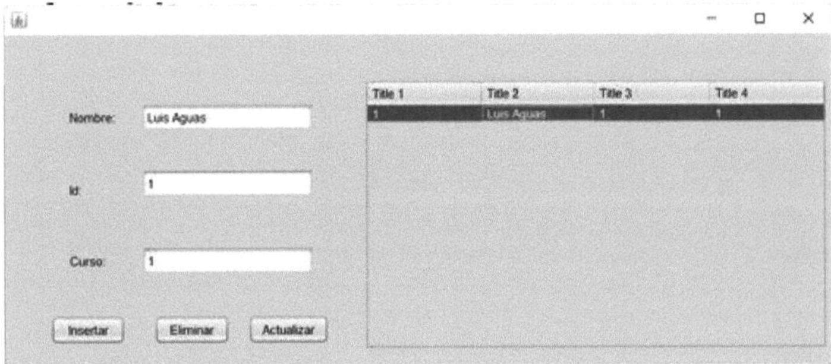

6. BIBLIOGRAFIA:

- Deitel, P., & Deitel, H. (2017). Java: Como programar (10ª ed.). Pearson.
- Eckel, B. (2017). Pensando em Java (4ª ed.). Prentice Hall.
- Flanagan, D. (2018). Java in a Nutshell: A Desktop Quick Reference (7ª ed.). O'Reilly Media.
- Friesen, J. (2019). Programação Java para iniciantes. Publicado de forma independente.
- Gaddis, T. (2018). Começando com Java: Objetos iniciais (6ª ed.). Pearson.
- Horstmann, C. S. (2019). Core Java, Volume I: Fundamentos (12ª ed.). Pearson.
- Liang, Y. D. (2019). Introdução à programação Java e estruturas de dados (12ª ed.). Pearson.
- Schilde, M. (2016). Java 8 em ação: Lambdas, Streams e programação de estilo funcional. Publicações Manning.
- Sharan, M. (2017). NetBeans: O guia definitivo (2ª ed.). O'Reilly Media.
- Sierra, K., & Bates, B. (2020). Head First Java (3ª ed.). O'Reilly Media.

PRÁTICA 7

1. **TÓPICO:** Aplicações Java (Gráficos)
2. **OBJECTIVOS:**

- Adquirir os conceitos básicos relacionados com a OOP.
- Reconhecer as caraterísticas da OOP

3. **OBJECTIVOS DE DESENVOLVIMENTO SUSTENTÁVEL:**

4. **INTRODUÇÃO:**

Quase todos os componentes e contentores Swing têm um método paint(g) associado para os desenhar no ecrã. Java invoca este mëtodo automaticamente quando tem de mostrar, de uma forma padrão, o componente ou contentor em questão (ou seja, as suas bordas, o seu título, se tiver um, etc.).

O método paint(g) é redefinido quando se pretende que estes elementos tenham um aspeto particular, por exemplo, quando se pretende desenhar algo específico sobre eles.

O mëtodo da tinta(g) é da forma

```
public void paint(Graphics g) {
...
}
```

Onde g é um objeto da classe abstrata Graphics. Qualquer contentor ou componente que possa ser desenhado no ecrã tem um objeto g associado desta classe, com a informação sobre a área do ecrã que o contentor ou componente pode desenhar no ecrã.

ou o componente de cobertura. Além disso, o objeto g fornece métodos de representação gráfica (desenho de círculos, rectângulos, linhas, etc.).

A classe Graphics é importada do awt:

importar java.awt.*;

Quando o mëtodo paint(g) é executado é porque foi invocado por outros mëtodos, nunca invocado por

e o parâmetro que utiliza corresponde a um objeto da classe Graphics associado ao contentor ou

componente com que estamos a lidar.

Ao redefinir o mëtodo paint(g), comece sempre com uma invocação super.paint(g) ao mëtodo da superclasse, garantindo que a parte padrão do contentor ou componente que estamos a

manipular é desenhada.
Por exemplo, vamos desenhar um rosto numa moldura. Uma moldura é um elemento da classe JFrame e, para desenhar em ël, pedimos

```
public void paint (Graphics g){ super.paint(g);
//Desenhar o contorno do rosto
g.setColor(Color.BLACK);
g.fillOval(105, 70, 100, 100);
/Desenho dos olhos
g.setColor(Color.GREEN);
g.fillOval(125, 100, 10, 10);
g.fillOval(175, 100, 10, 10);
/Desenho do nariz
g.drawLine(150, 100, 150, 130);
//Desenho da boca
g.drawArc(118, 120, 75, 30, 180, 180);
}
```

Para entender o que é o mëtodo acima, é necessário saber que:
O sistema de coordenadas de um contentor tem a sua origem no canto superior esquerdo.
As abcissas são aumentadas para a direita e as ordenadas são aumentadas para baixo.
Cada ponto é um p^xel.
Em geral, o desenho de uma figura (retângulo, elipse, retângulo redondo, etc.) é feito dando as coordenadas do canto superior esquerdo de um retângulo imaginário que a contém.
Alguns mëtodos da classe Gráficos para desenhar figuras são:
drawLine(x1,y1,x2,y2): desenha uma linha reta do ponto (x1,y1) ao ponto (x2,y2)
fillRect(x,y,width,height): preenche o retângulo com o seu canto superior esquerdo em (x,y) e com a largura e o comprimento dados
drawOval(x,y,width,height): desenha uma elipse contida num retângulo imaginário cujo canto superior esquerdo está em (x,y) e tem a largura e o comprimento dados
fillOval(x,y,width,height): preenche a elipse especificada por drawOval(x,y,width,length)
drawArc(x,y,width,height, startAngle,sweepAngle): desenha parte de uma elipse dentro de um retângulo imaginário cujo canto superior esquerdo está em (x,y), tem o comprimento e a largura indicados, começa a desenhar no ângulo startAngle e faz um sweep sweepAngle
setColor(Color.red): altera a "tinta" do objeto g para vermelho. A classe Color é importada do awt:
importar java.awt.*;
Desenho em painéis
Quando um componente é atualizado, o seu aspeto atual é apagado e é invocado o método paint(g). O pré-apagamento pode causar cintilação, por isso, por vezes, o método paint(g) evita-o.
No entanto, a atualização pode necessitar de fazer uma pré-varrimento (para atualizar o fundo do componente, por exemplo). Nestes casos, é invocado o mëtodo paintComponent(g) da classe JComponent, que permite efetuar a pré-vassagem, mas utilizando a técnica de buffer duplo para remover a cintilação.
Em casos como o acima descrito, o que se faz é redefinir o mëtodo paintComponent(g) em vez do mëtodo paint(g).
Por exemplo, para desenhar o rosto que pintámos anteriormente, mas num (j)painel em vez de

numa moldura, fazemos o seguinte:
A classe PanelFace, que estende a classe JPanel, é declarada como uma classe (privada) da classe MarcoCara que criámos anteriormente.
Redefinimos o mëtodo paintComponent(g) utilizando as mesmas instruções que anteriormente, mas chamando inicialmente super.paintComponent(g)
public void paintComponent(Graphics g) { super.paintComponent(g);...}
Quando o conteúdo de uma moldura ou painel muda, o mëtodo repaint() é responsável pela atualização do contentor e pela sua apresentação no ecrã, invocando impHcitamente o mëtodo paint(g) ou paintComponent(g).
Por exemplo, para adicionar um botão à moldura que mostra uma cara sorridente para que, quando premido, a cara mude para uma cara sorridente, basta fazer o seguinte:
Adicionar ao contentPane o botão cujo efeito irá alterar o sorriso do rosto Adicionar um atributo booleano à moldura que indica se o rosto está a sorrir ou não private boolean smile=true;
No interior da actionPerformed do botão, codificamos o seguinte: smile=!smile;
repintar();
O mëtodo paintComponent(g) para pintar o painel é redefinido da seguinte forma: public void paintComponent(Graphics g) {
super.paintComponent(g);
//Desenho do rosto como anteriormente, exceto a boca
//Desenho da boca
se (smile) g.drawArc(118, 125, 75, 75, 30, 180, 180);
else g.drawArc(118, 125, 75, 30, 180, -180);
}
Desenhar texto
A classe Graphics permite "desenhar" texto, como alternativa ao texto apresentado nos componentes JLabel, JTextField e JTextArea. O mëtodo que permite desenhar texto no JFrame é:
drawString(String str, int x, int y);
Classe Cor
A classe java.awt.Color encapsula cores utilizando o formato RGB (Red, Green, Blue). Os componentes de cada cor primária na cor resultante são expressos como números inteiros entre 0 e 255, sendo 0 a intensidade mínima dessa cor e 255 a máxima. Na classe Color existem constantes para as cores predefinidas frequentemente utilizadas: preto, branco, verde, azul, vermelho, amarelo, magenta, ciano, laranja, rosa, cinzento, cinzento escuro, cinzento claro.
Apresentação de imagens
Java permite-lhe incorporar imagens GIF e JPEG definidas em ficheiros. A classe java.awt.Image está disponível para este efeito. Para carregar uma imagem é necessário indicar a localização do ficheiro e carregá-lo utilizando o mëtodo getImage(). Este mëtodo existe no java.awt.Toolkit.
Assim, para carregar uma imagem é preciso começar por criar um objeto Image (ou uma referência) e chamar o mëtodo getImage() (do Toolkit); Uma vez carregada a imagem, é preciso renderizá-la, para o que o mëtodo paint() é redefinido para chamar o mëtodo drawImage() da classe Graphics. Os objectos Graphics podem mostrar imagens através do mëtodo: drawImage(). Este mëtodo suporta várias formas, embora seja quase sempre

necessário incluir o nome do objeto de imagem criado.

Classe de imagem

Uma imagem é um objeto gráfico retangular composto por pixels coloridos. Cada pixel de uma imagem descreve a cor de uma determinada localização na imagem.

Eis alguns mëtodos da classe Imagem:

A classe Graphics fornece o mëtodo drawImage() para desenhar imagens; este mëtodo suporta várias formas:

- drawImage (Imagem i, int x, int y, ImageObserver o)
- drawImage (Image i,int x,int y,int width,int height,ImageObserver o)

Um exemplo do método paint(Graphics G) para obter uma imagem da pasta raiz é o seguinte:

```
public void paint (Graphics g) {
super.paint(g);
Toolkit t = Toolkit.getDefaultToolkit ();
Imagem image = t.getImage ("image1.jpg"); g.drawImage (image, 0, 0, this);
}
```

5. DESENVOLVIMENTO:

RELAÇÃO HIERÁRQUICA

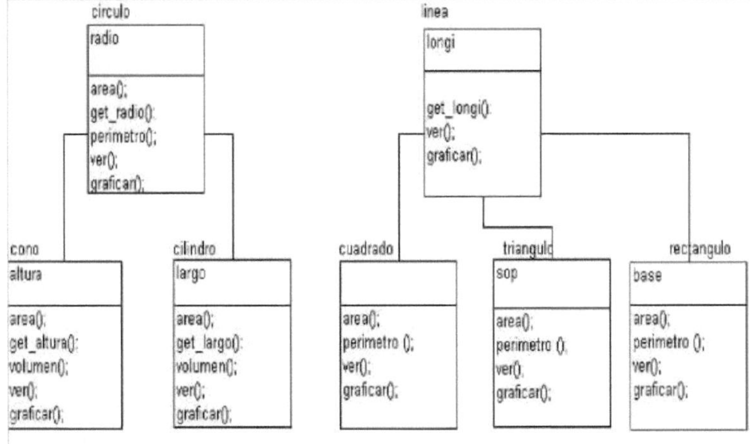

- Iniciar sessão no Netbeans

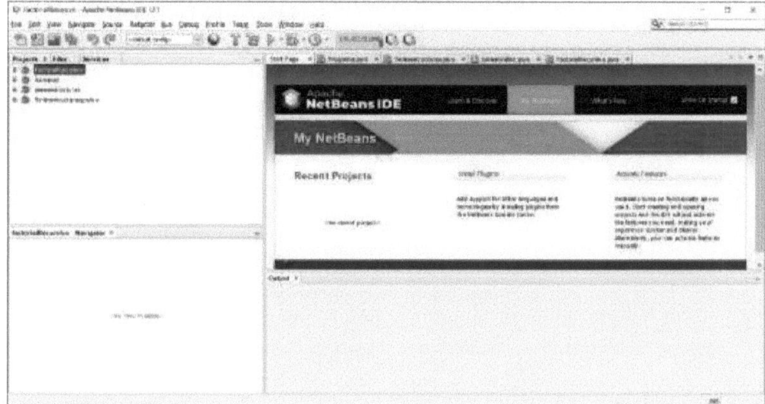

- Criamos um novo projeto:

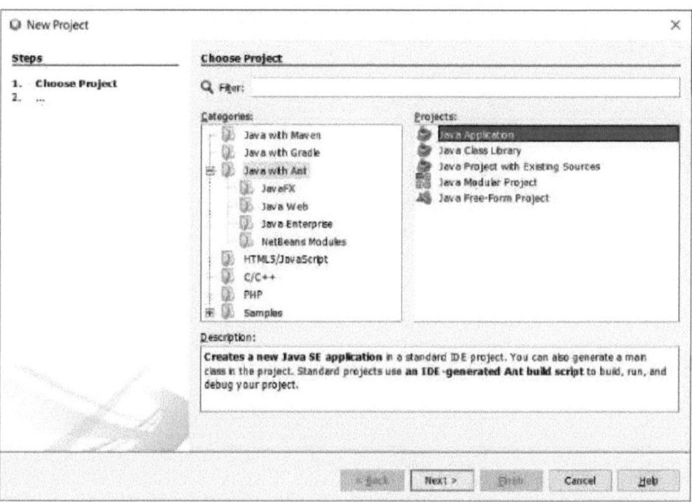

- Colocamos como nome

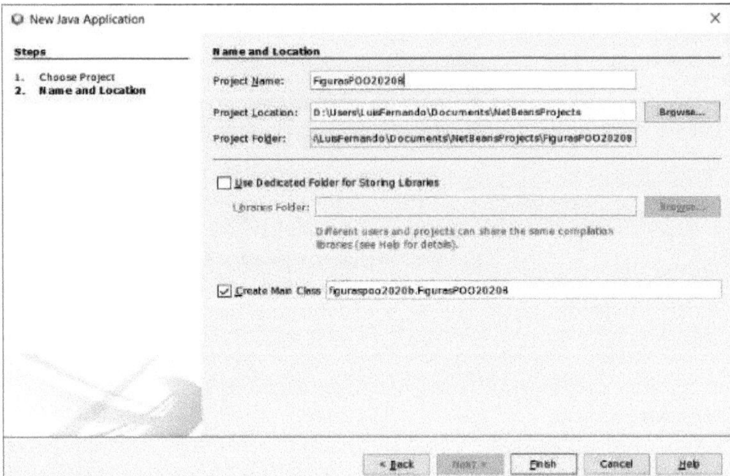

Clique em Concluir

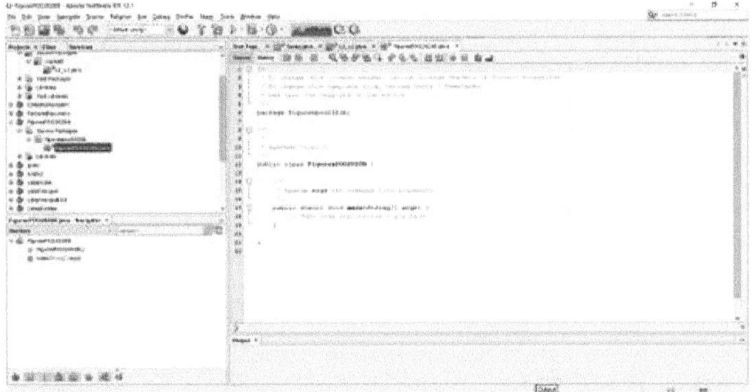

Clique em apagar

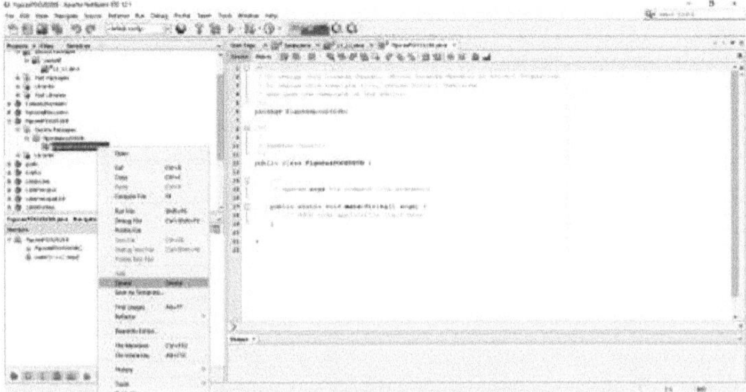

Em seguida, clique em Refactor

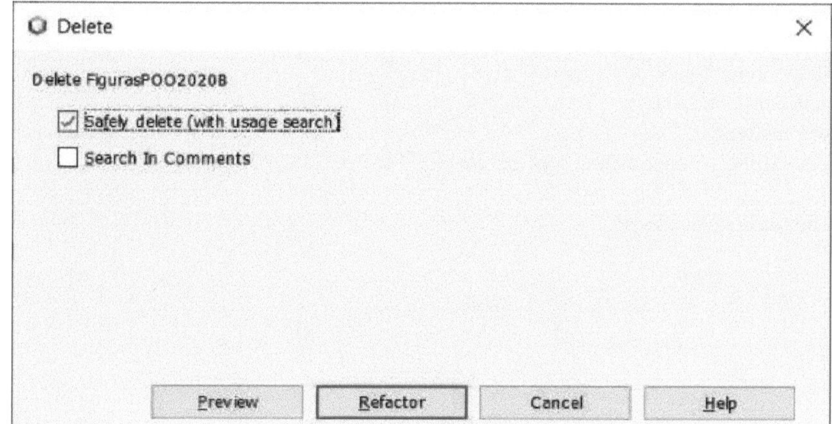

Para a Lmea:

Criamos a classe Line

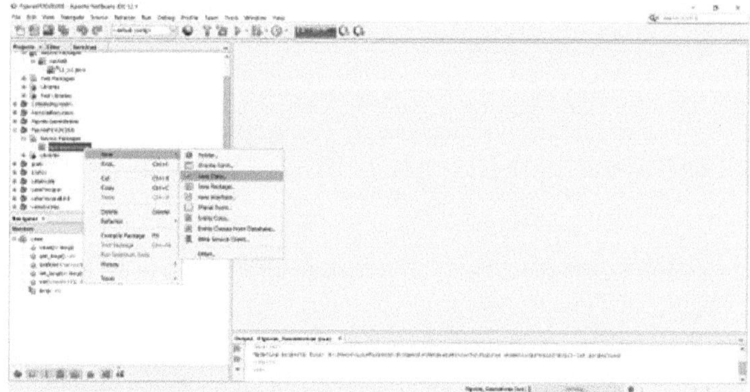

```
importar java.awt.*;
public class Line{
protected int longi;
public Linea(int longi){ this.longi=longi;
}
public int get_longi(){ return longi;
}
public void set_longi(int longi){ this.longi=longi;
}
public void graph(Graphics Cl, Line cl, int x, int y){
Cl.setColor(Color.green);
Cl.drawLine(x,y+cl.get_longi()/2,x,y+cl.get_longi()+cl.get_longi()/2);
}
public void ver(Graphics Cl, Line cl, int x, int y){
Tipo de letra type1=novo Tipo de letra("Arial", Font.BOLD+Font.ITALIC,14);
Tipo de letra type2=novo Tipo de letra("Comic Sans MS", Font.ITALIC,13);
```

```
Cl.setFont(type1);
Cl.setColor(Color.black);
Cl.drawString("Lmea",x+255,y+180);
Cl.setColor(Color.blue);
Cl.setFont(type2);
Cl.drawString("Comprimento: "+cl.get_longi()+" cm",x+255,y+305);
}
}/// fim da linha de classe
```

Ter:

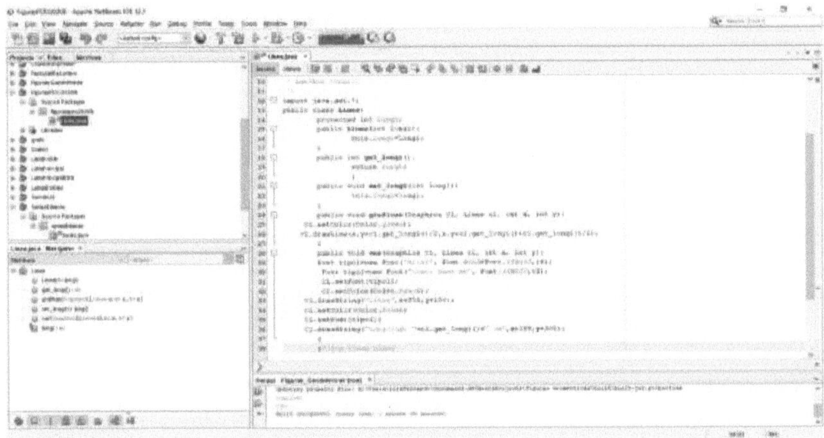

Para Cuadrado:

De seguida, criamos a classe Square com base no processo anterior, com o seguinte código:

```
import java.awt.*;
/**
*
* @autor LuisFernando
*/
public class Square extends Line{
public Square (int longi){
super(longi);
}
public void graph(Graphics Cl,int x, int y){
Cl.setColor(Color.blue);
Cl.fillRect(x,y,super.get_longi(),super.get_longi()-1);
}
public double perimeter(){
return 4*(super.get_longi());
}
public double area(){
return java.lang.Math.pow(super.get_longi(),2);
}
```

```
public void ver(Graphics Cl,Square cu,int x, int y){
Tipo de letra type1=novo Tipo de letra("Arial", Font.BOLD+Font.ITALIC,14);
Tipo de letra type2=novo Tipo de letra("Comic Sans MS", Font.ITALIC,13);
Cl.setFont(type1);
Cl.setColor(Color.black);
Cl.drawString("Quadrado",x+480,y);
Cl.setColor(Color.blue);
Cl.setFont(type2);
Cl.drawString("Lado: "+super.get_longi()+" cm",x+480,y+110);
Cl.drawString("Perímetro: "+cu.perimeter()+" cm",x+480,y+125);
2Cl.drawString("Área: "+cu.área()+" cm ",x+480,y+140);
}
}///end square class
```

Ter:

Para o Círculo:

Criamos a classe Círculo

```
importar java.awt.*;
/**
*
* @autor LuisFernando
*/
public class Circle {
protected int rádio;
public Circle(int radius)
{
this.radio=radio;
}///end circle
public int get_radius(){
devolver rádio;
}///end get_radio
public void set_radio(int radius)
```

```
{
this.radio=radio;
}///end set
public void graph(Graphics Cl,Circle cl,int x, int y)
{
Cl.setColor(Color.red);
Cl.fillOval(x,y+15,cl.get_radius()*4,cl.get_radius()*4);
}///end plot
public double area(){
return java.lang.Math.PI*java.lang.Math.pow(this.radius,2);
}///end area
public double perimeter(){
devolve 2*java.lang.Math.PI*este.raio;
}
public void ver(Graphics Cl, Circle cl, int x, int y){
Tipo de letra type1=novo Tipo de letra("Arial", Font.BOLD+Font.ITALIC,14);
Tipo de letra type2=novo Tipo de letra("Comic Sans MS", Font.ITALIC,13);
Cl.setFont(type1);
Cl.setColor(Color.black);
Cl.drawString("Círculo",x,y);
Cl.setColor(Color.blue);
Cl.setFont(type2);
Cl.drawString("Raio: "+cl.get_radius()+" cm",x,y+110);
Cl.drawString("Perímetro: "+cl.perimeter()+" cm",x,y+125);
[2]Cl.drawString("Área: "+cl.área()+" cm ",x,y+140);
}
}///end class circle
```

Ter:

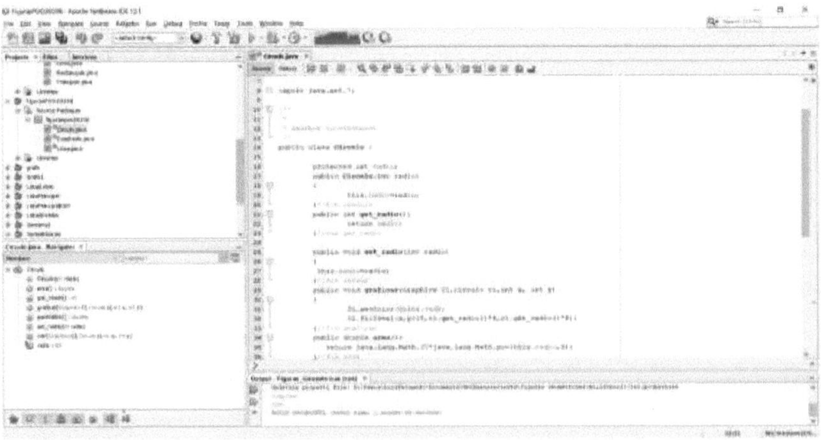

Para o Retângulo:

Criamos a classe Retângulo

```
importar java.awt.*;
public class Rectangle extends Linea{ int base;
public Rectangle(int base, int longi){ super(longi);
this.base=base;
}
public int get_base(){
base de retorno;
}
public void ver(Graphics Cl,Rectangle rec,int x, int y){
Tipo de letra type1=novo Tipo de letra("Arial", Font.BOLD+Font.ITALIC,14);
Tipo de letra type2=novo Tipo de letra("Comic Sans MS", Font.ITALIC,13);
Cl.setFont(type1);
Cl.setColor(Color.black);
Cl.drawString("Retângulo",x+480,y+180);
Cl.setColor(Color.blue);
Cl.setFont(type2);
Cl.drawString("Altura: "+super.get_longi()+" cm",x+480,y+305);
Cl.drawString("Base: "+rec.get_base()+" cm",x+480,y+320);
Cl.drawString("Perímetro: "+rec.perimeter()+" cm",x+480,y+335);
2Cl.drawString("Área: "+rec.área()+" cm ",x+480,y+350);
}
public double perimeter(){
return (2*(super.get_longi())+2*this.base);
}
public double area(){
return (this.base*super.get_longi())/2;
}
public void graph(Graphics Cl,int x, int y){
Cl.setColor(Color.orange);
Cl.fillRect(x,y,super.get_longi()*2,this.base*4);
} //fim da classe retângulo
```

Ter:

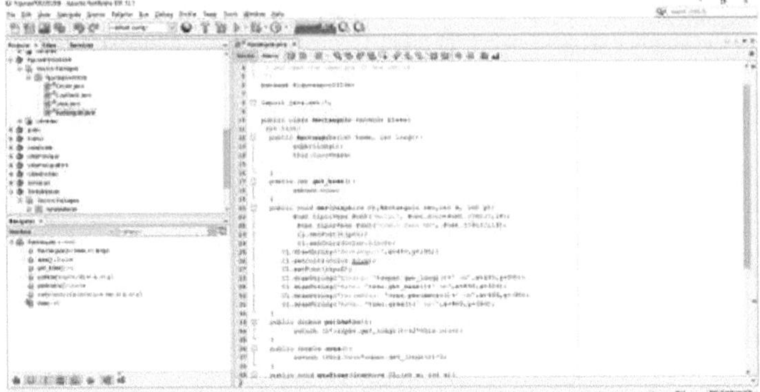

Para o Triângulo:

Criamos a classe Triângulo

```
importar java.awt.*;
/**
*
* @autor LuisFernando
*/
public class Triangle extends Line{
private int sop;
public Triangulo(int sop, int longi){
super(longi);
this.sop=sop;
}
public void graph(Graphics Cl, Triangle cl,int x, int y)
{
int x1 []={x,x-(cl.get_sop()/2)*3,x+(cl.get_sop()/2)*3};
int y1 []={y,y+super.get_longi()*3,y+cl.get_longi()*3};
Cl.setColor(Color.pink);
Cl.fillPolygon(x1,y1,3);
}///end plot
public int get_sop(){
retorno sop;
}
public void ver(Graphics Cl,Triangle tri,int x, int y){
Tipo de letra type1=novo Tipo de letra("Arial", Font.BOLD+Font.ITALIC,14);
Tipo de letra type2=novo Tipo de letra("Comic Sans MS", Font.ITALIC,13);
Cl.setFont(type1);
Cl.setColor(Color.black);
Cl.drawString("Triângulo",x+625,y);
Cl.setColor(Color.blue);
Cl.setFont(type2);
Cl.drawString("Altura: "+super.get_longi()+" cm",x+625,y+180);
Cl.drawString("Base: "+tri.get_sop()+ " cm",x+625,y+195);
```

```
²Cl.drawString("Área: "+tri.área()+" cm ",x+625,y+210);
}
public double area(){
return (super.get_longi()*this.sop)/2;
}
}///end triangle class
```
Ter

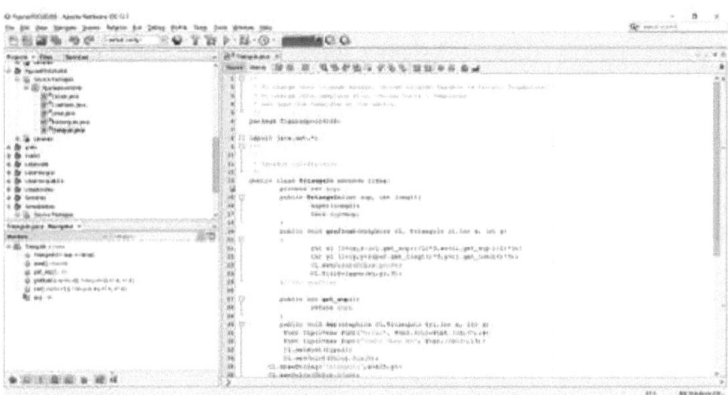

Para o Cilindro:

Criamos a classe Cilindro import java.awt.*;

```
/**
*
* @autor LuisFernando
*/
public class Cylinder extends Circle{
private int long;
public Cilindro(int raio,int comprimento){
super(rádio);
this.length=length;
}
public int get_length(){ return length;
}
public void ver(Graphics Cl, Cylinder cl, int x, int y){
Tipo de letra type1=novo Tipo de letra("Arial", Font.BOLD+Font.ITALIC,14);
Tipo de letra type2=novo Tipo de letra("Comic Sans MS", Font.ITALIC,13);
Cl.setFont(type1);
Cl.setColor(Color.black);
Cl.drawString("Cilindro",x+255,y);
Cl.setColor(Color.blue);
Cl.setFont(type2);
Cl.drawString("Raio: "+super.get_radius()+" cm",x+255,y+110);
Cl.drawString("Altura: "+cl.get_length()+" cm",x+255,y+125);
²Cl.drawString("Área: "+cl.área()+" cm ",x+255,y+140);
```

```
[3]Cl.drawString("Volume: "+cl.volume()+" cm ",x+255,y+155);
}
public double volume(){
return super.area()*this.length;
}
public double area(){
return (super.area()+super.perimeter()*this.length);
}
public void graph(Graphics Cl,Cylinder cl,int x, int y){
Cl.setColor(Color.cyan);
Cl.fillOval(x,y,super.get_radius()*2,super.get_radius());
Cl.fillOval(x,y+cl.get_length(),super.get_radius()*2,super.get_radius());
Cl.drawLine(x,y+super.get_radius()/2,x,y+cl.get_length()+super.get_radius()/2);
Cl.drawLine(x+super.get_radius()*2,y+super.get_radius()/2,x+super.get_radius()*2,y+cl.get_
lar go()+super.get_radius()/2);
}
}///end cylinder class
```

Ter:

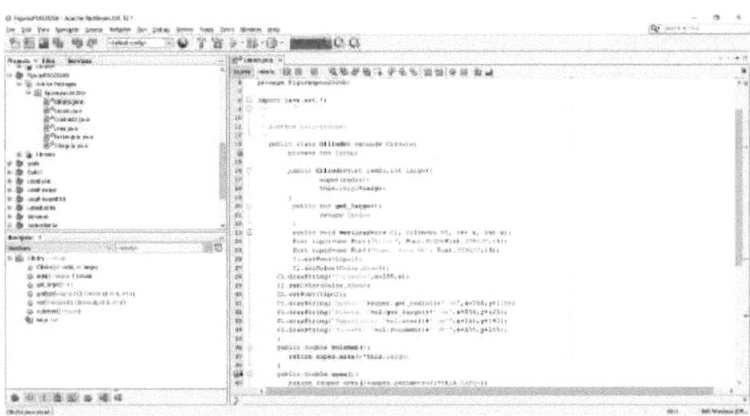

Para o cone:

Criamos a classe Cone

```
importar java.awt.*;
/**
*
* @autor LuisFernando
*/
public class Cone extends Circle{ private int height;
public Cone(int raio, int altura){
super(rádio);
this.height=height;
}
public int get_height(){
```

```
altura de retorno;
}
public void set_height(){
this.height=height;
}
public void graph(Graphics Cl,Cone cl,int x, int y){
Cl.setColor(Color.yellow);
Cl.fillOval(x,y,super.get_radius()*4,super.get_radius()*2);
Cl.drawLine(x,y+super.get_radius(),x+super.get_radius()*2,y+cl.get_height()+super.get_radi
us() );
Cl.drawLine(x+super.get_radius()*4,y+super.get_radius(),x+super.get_radius()*2,y+cl.get_al
tur a()+super.get_radius());
}
public void ver(Graphics Cl, Cone cl, int x, int y){
Tipo de letra type1=novo Tipo de letra("Arial", Font.BOLD+Font.ITALIC,14);
Tipo de letra type2=novo Tipo de letra("Comic Sans MS", Font.ITALIC,13);
Cl.setFont(type1);
Cl.setColor(Color.black);
Cl.drawString("Cone",x,y+180);
Cl.setColor(Color.blue);
Cl.setFont(type2);
Cl.drawString("Raio: "+super.get_radius()+" cm",x,y+305);
Cl.drawString("Altura: "+cl.get_height()+" cm",x,y+320);
2Cl.drawString("Superfície: "+cl.surface(cl)+" cm ",x,y+335);
3Cl.drawString("Volume: "+cl.volume(cl)+" cm ",x,y+350);
}
public double volume(Cone cl){
return (super.area()*cl.get_height())/3;
}
public double surface(Cone cl){
return (super.area()+2*java.lang.Math.PI*cl.get_height()+super.perimeter());
}
}///end cone
Ter:
```

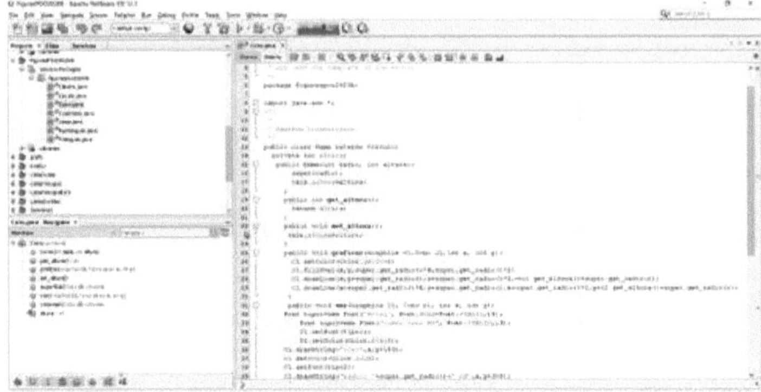

Criamos um jFrame

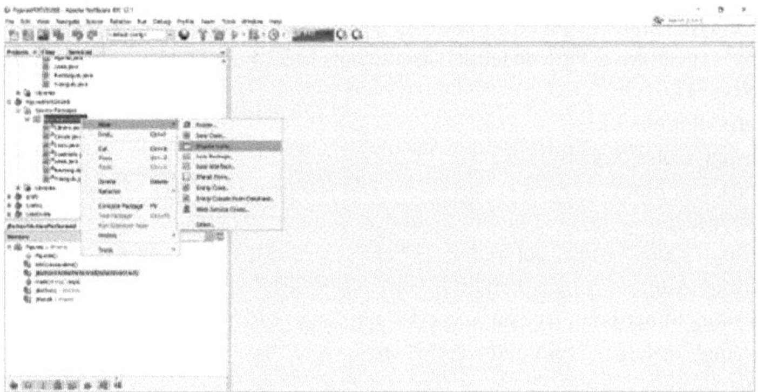

Colocamos o seguinte nome:

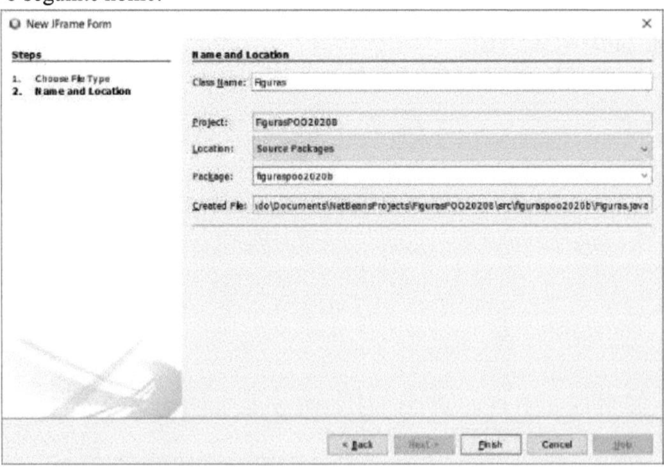

Ter:

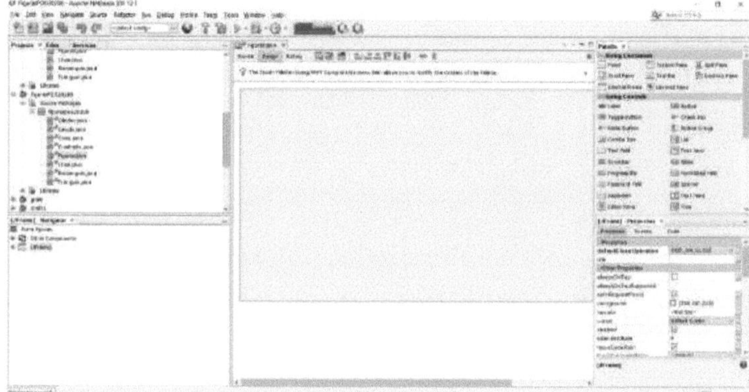

Na palete, seleccionamos um jButton e um jPanel, tendo:

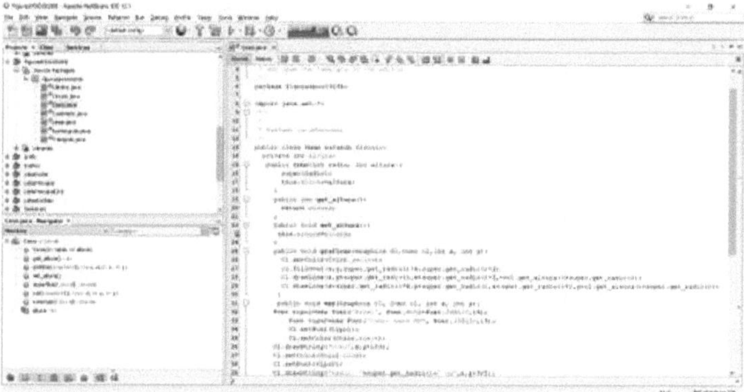

Selecione o jPanel e vá a propriedades para o fundo

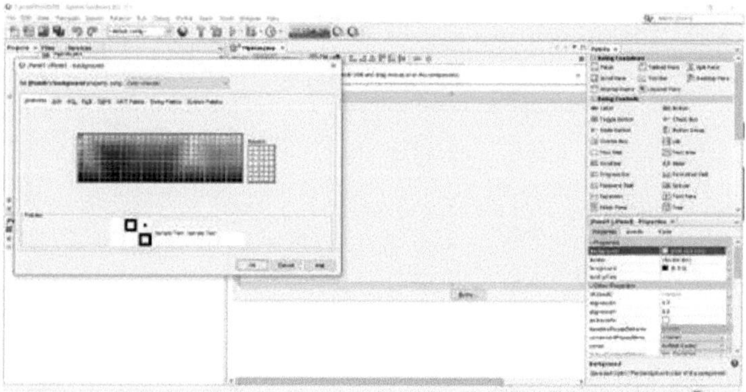

Ter

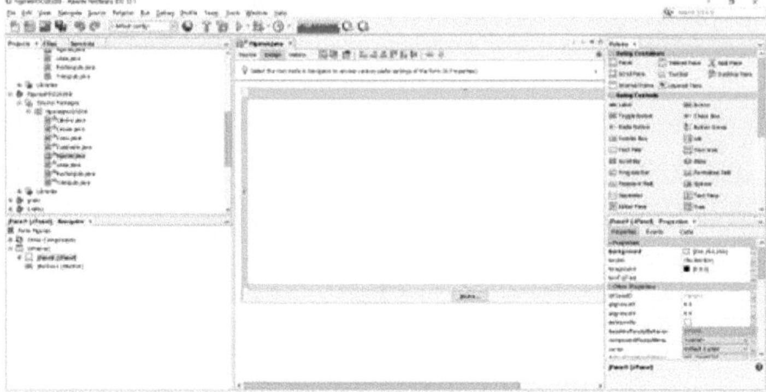

Depois seleccionamos o jButton e vamos às propriedades

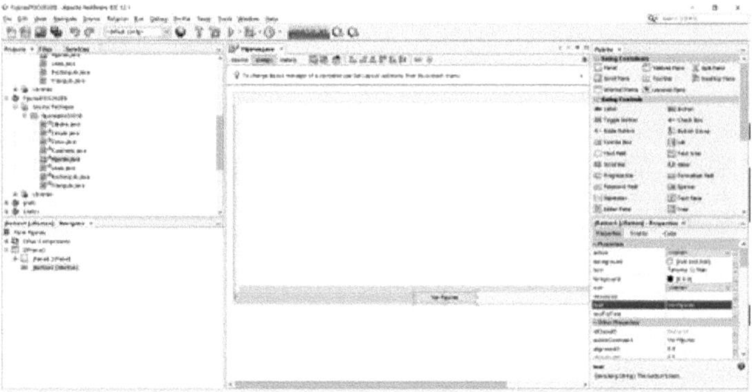

Fazer duplo clique no botão

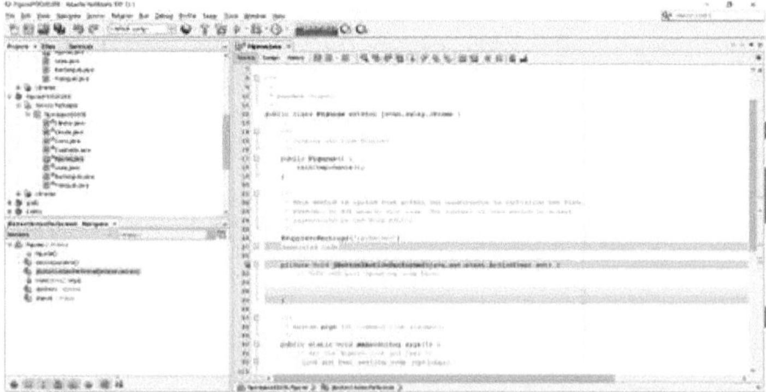

Colocamos este código

private void jButton1ActionPerformed(java.awt.event.ActionEvent evt) { // TODO adiciona o

teu código de manuseamento aqui:
int hori=20; int vert=40;
Gráficos Cl=jPanel1.getGraphics();
Círculo cir = novo Círculo(20);
Cone con= novo Cone(20,70);
Cilindro cil= novo Cilindro(20,60);
Line lin=new Line(60);
Quadrado cua= novo Quadrado(80);
Retângulo rec= novo Retângulo(20,60);
Triângulo tri= novo Triângulo(30,50);
cir.view(Cl,cir,hori,vert); cir.plot(Cl,cir,hori,vert);
con.ver(Cl,con,hori,vert);
con.plot(Cl,con,hori,vert+200);
cyl.plot(Cl,cyl,hori+255,vert+15);
cil.vcr(Cl,cil,hori,vert);
qua.plot(Cl,hori+480,vert+15);
cua.ver(Cl,cua,hori,vert);
rec.ver(Cl,rec,hori,vert);
rec.plot(Cl,hori+480,vert+200);
lin.plot(Cl,lin,hori+255,vert+200);
lin.ver(Cl,lin,hori,vert);
tri.ver(Cl,tri,hori,vert);
tri.plot(Cl, tri,hori+680,vert+15);
Ter:

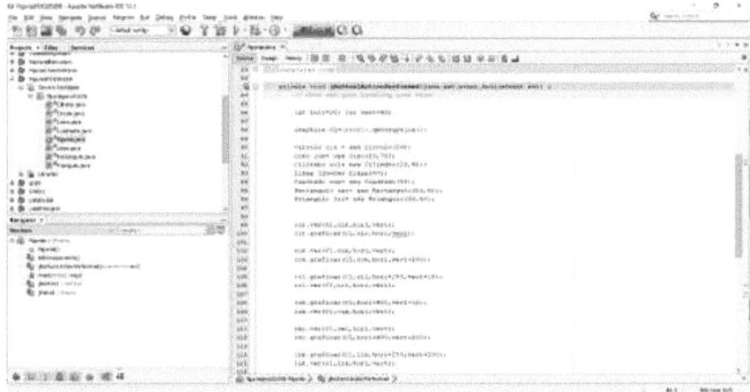

Compilamos e executamos:

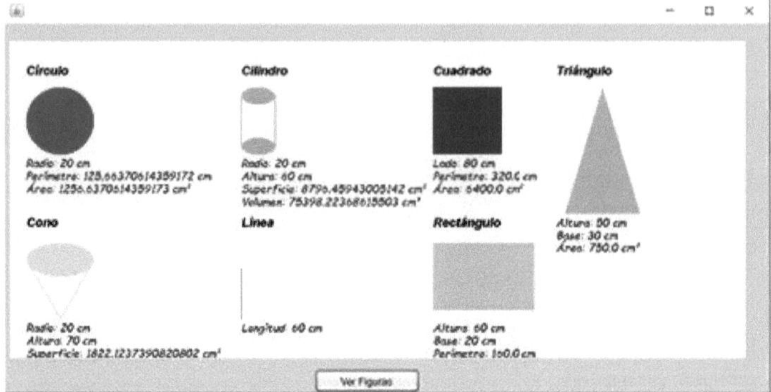

6. BIBLIOGRAFIA:

- Deitel, P., & Deitel, H. (2017). Java: Como programar (10ª ed.). Pearson.
- Eckel, B. (2017). Pensando em Java (4ª ed.). Prentice Hall.
- Flanagan, D. (2018). Java in a Nutshell: A Desktop Quick Reference (7ª ed.). O'Reilly Media.
- Friesen, J. (2019). Programação Java para iniciantes. Publicado de forma independente.
- Gaddis, T. (2018). Começando com Java: Objetos iniciais (6ª ed.). Pearson.
- Horstmann, C. S. (2019). Core Java, Volume I: Fundamentos (12ª ed.). Pearson.
- Liang, Y. D. (2019). Introdução à programação Java e estruturas de dados (12ª ed.). Pearson.
- Schilde, M. (2016). Java 8 em ação: Lambdas, Streams e programação de estilo funcional. Publicações Manning.
- Sharan, M. (2017). NetBeans: O guia definitivo (2ª ed.). O'Reilly Media.
- Sierra, K., & Bates, B. (2020). Head First Java (3ª ed.). O'Reilly Media.

PRÁTICA 8

1. **TÓPICO:** Aplicações Java (diagramas de barras e de tartes)
2. **OBJECTIVOS:**

- Adquirir os conceitos básicos relacionados com a OOP.
- Reconhecer as caraterísticas da OOP

3. **OBJECTIVOS DE DESENVOLVIMENTO SUSTENTÁVEL:**

4. **INTRODUÇÃO:**

Classes e objectos

- Objeto

Um objeto é um encapsulamento genérico de dados e dos procedimentos para os manipular. Tal como os objectos do mundo real, os objectos de software têm estado e comportamento. O estado dos objectos é determinado por uma ou mais *variáveis* e o comportamento pela implementação de *métodos*.

A figura seguinte mostra a representação comum dos objectos de software

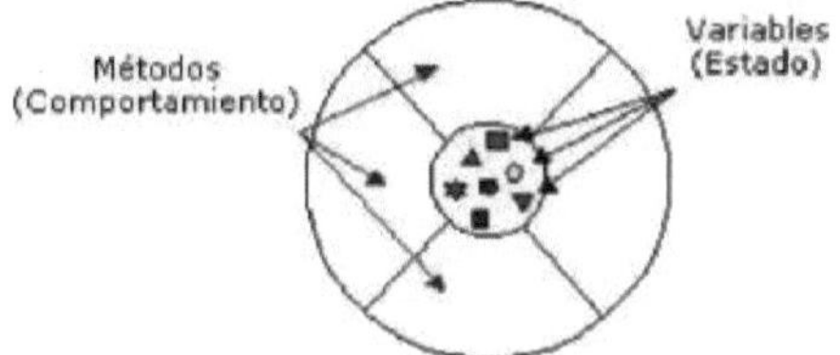

Como se pode ver na figura, todos os objectos têm uma parte pública (o seu comportamento) e uma parte privada (o seu estado). Neste caso, fizemos uma vista em corte transversal mas, do mundo exterior, o objeto será observado como uma esfera.

- Clase

Uma classe é constituída pelos *métodos* e *variáveis* que definem as caraterísticas comuns a todos os objectos dessa classe.

A chave para a OOP é abstrair os métodos e dados comuns a um conjunto de objectos e armazená-los numa classe.

Classe X

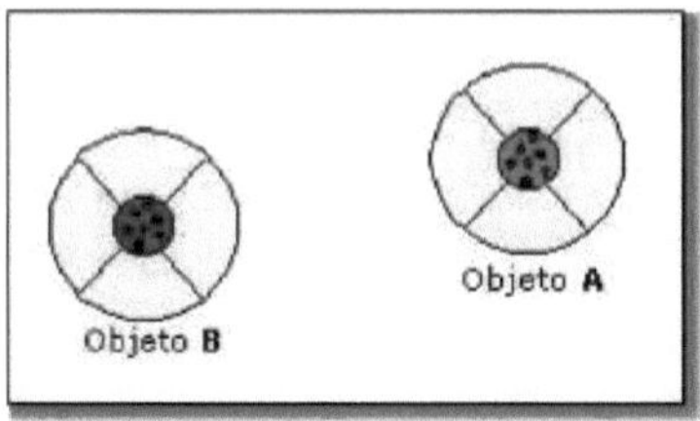

Na figura acima, o objeto A e o objeto B são instâncias da classe X.
Cada um dos objectos tem a sua própria cópia das variáveis definidas na classe a partir da qual é instanciado e partilha a mesma implementação dos métodos.

5. DESENVOLVIMENTO:

"Início de sessão do Netbeans

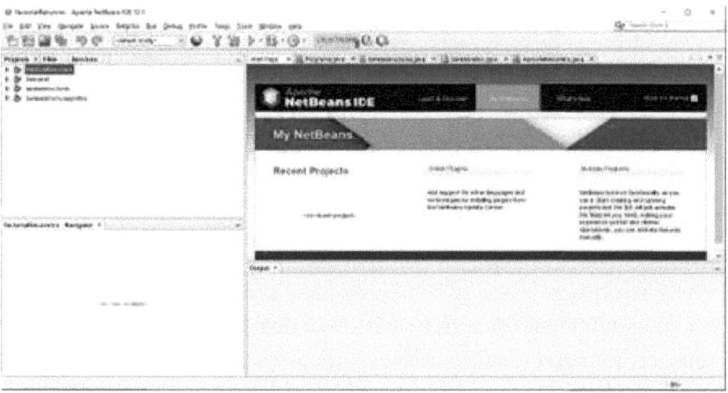

"Criámos um novo projeto:

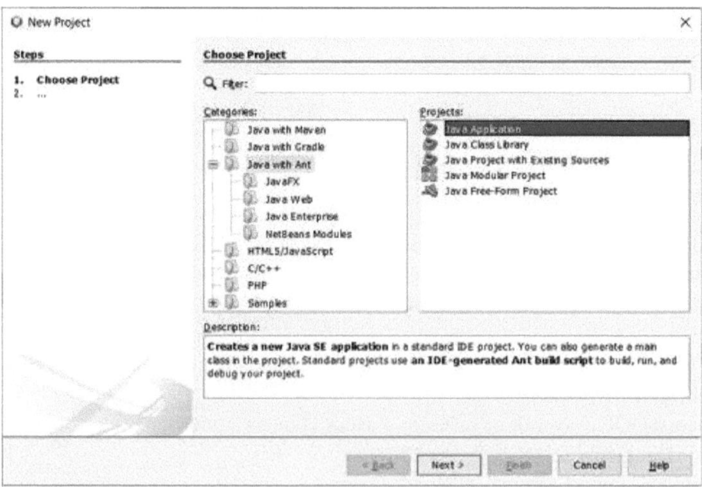

"Colocamos como nome
Ciências da Engenharia

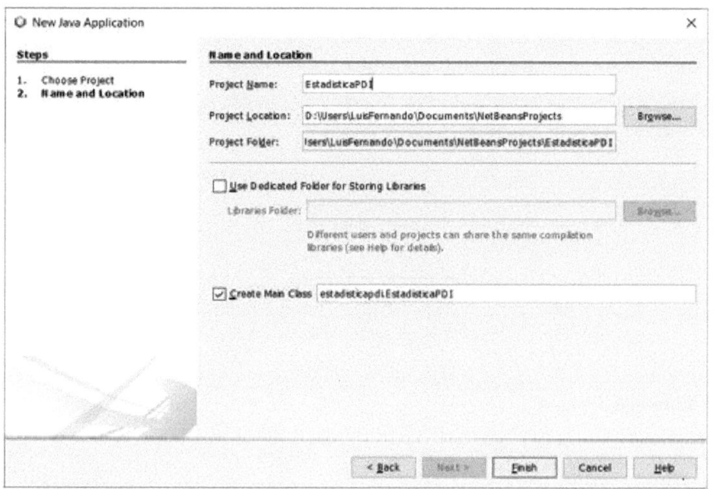

"Clique em Concluir

"Eliminamos a classe que foi criada por defeito.

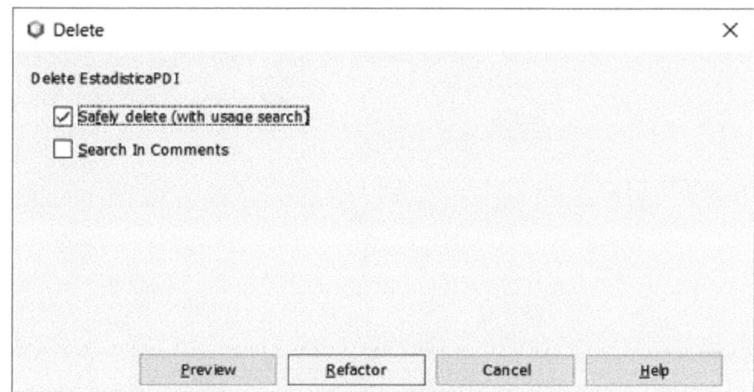

- Ter

- Clique em adicionar JFrame

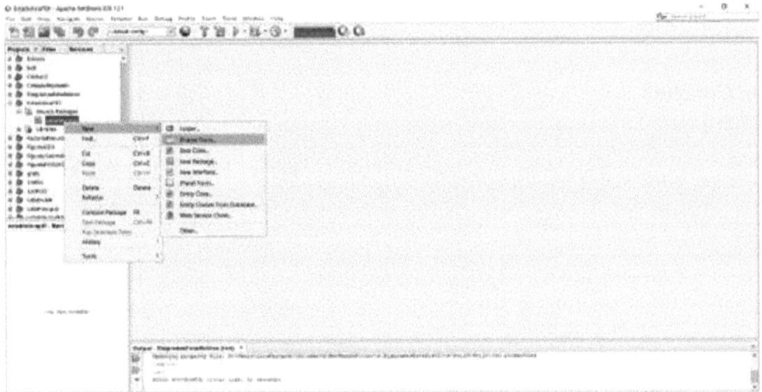

"Colocamos o seguinte nome

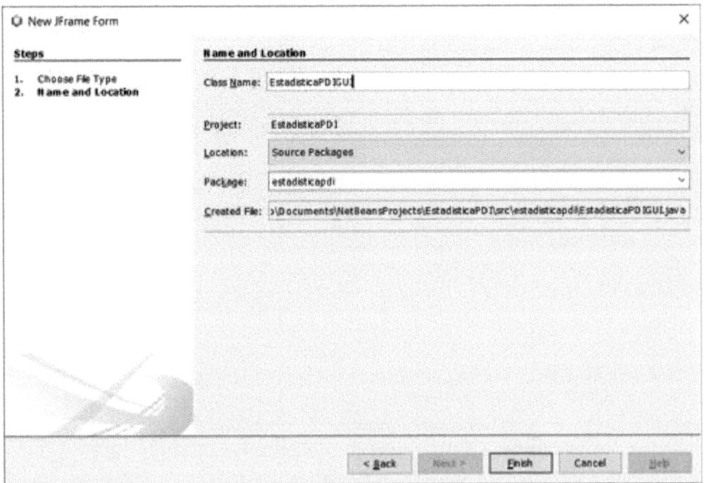

"Clique em Concluir

- Ter

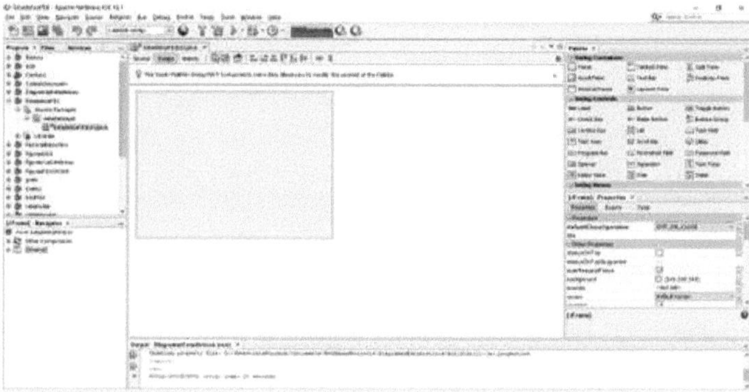

"Criamos a seguinte interface

"Criamos a seguinte classe:

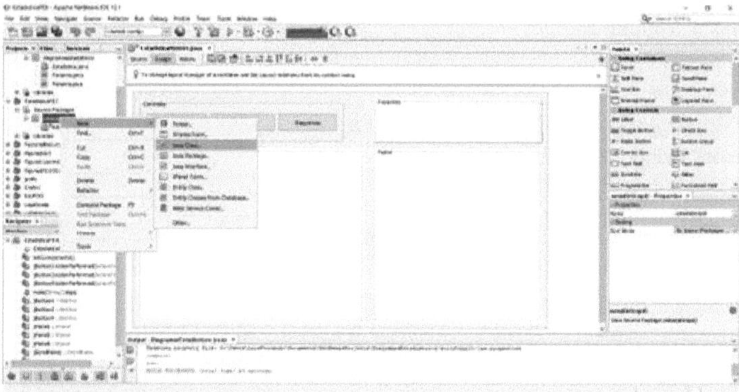

"Com o seguinte nome:

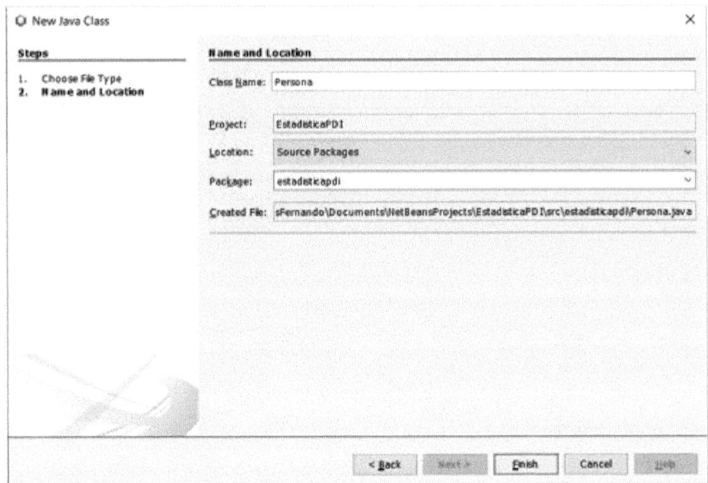

"Ter:

- Colocamos o seguinte código:

```
public class Pessoa {
protected String cedula; protected String nombre;
public Person(String ID,String name)
{
this.name=nome; this.ID=cedula;
}///end person
public String get_cedula()
{
devolver a cedula;
}// end get_cedula
public String get_name()
{
nome de retorno;
```

```
}
public void setea_datos( String cedula,String nombre) {
this.name=nome; this.ID=cedula;
}///end setea_data
}
```

- Ter:

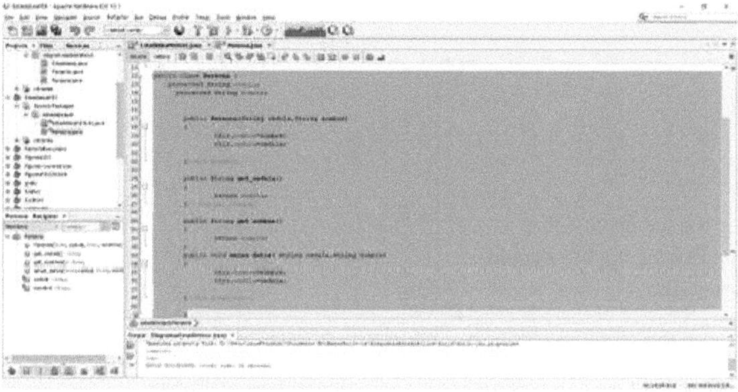

- Criamos outra classe, com o seguinte nome:

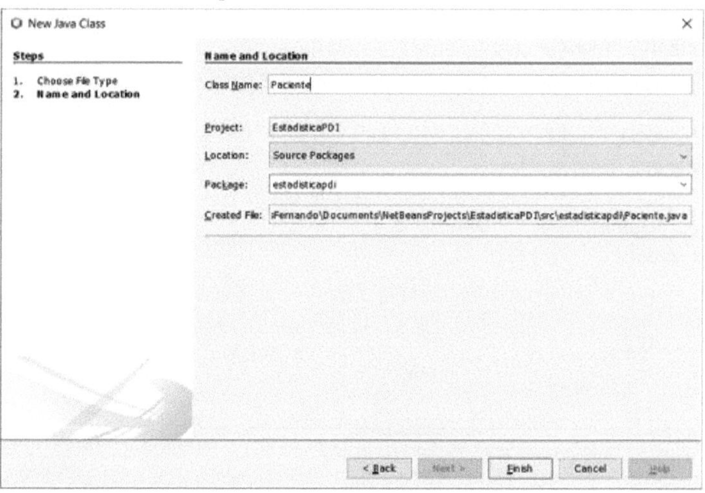

- Ter:

Colocamos o seguinte código:

```
public class Patient extends Person{
Doença das cordas;
Corda segura;
public Paciente(String cedula,String nombre,String enfermedad,String seguro ) {
super(ID, nome);
this.disease=doença; this.insurance=seguro;
}
public String get_disease()
{
doença de regresso;
}// end get_cedula
public String get_insurance()
{
regressar em segurança;
}// end get_cedula
}
```

- Ter:

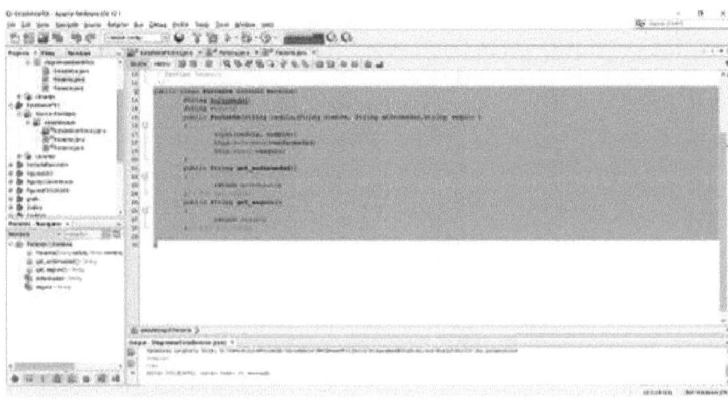

- Declaramos as seguintes variáveis

Paciente A[]=novo Paciente[3];
Tipo de letra type1 =new Font("Arial",Font.BOLD+Font.ITALIC,14);
Tipo de letra type2 =new Tipo de letra ("Comic Sans MS",Font.ITALIC,13);

- Ter:

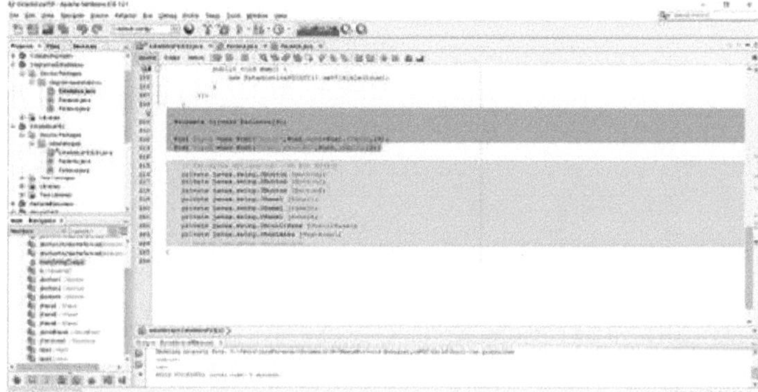

- Fazer duplo clique no seguinte botão

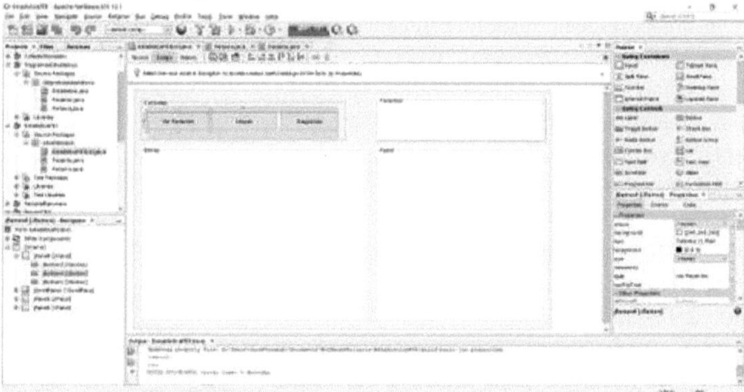

- Colocamos o seguinte código:

A[0]=new Patient ("1716866916", "Luis Aguas", "None", "Insurance");
A[1]=new Patient ("1716866916", "Fabiola Aguas", "None", "Insurance");
A[2]=new Patient ("1716866916", "Sofia Aguas", "None", "Not sure");
jTextArea1.append("\nCëdula - Apelido e nome próprio - Doença - Seguro");
jTextArea1.append("\n ");
for (int i=0;i<A.length;i++)
jTextArea1.append("+A[i].get_cedula()+"-"+A[i].get_name()+"-"+A[i].get_disease()+"-"+A[i].get_insurance());

- Ter:

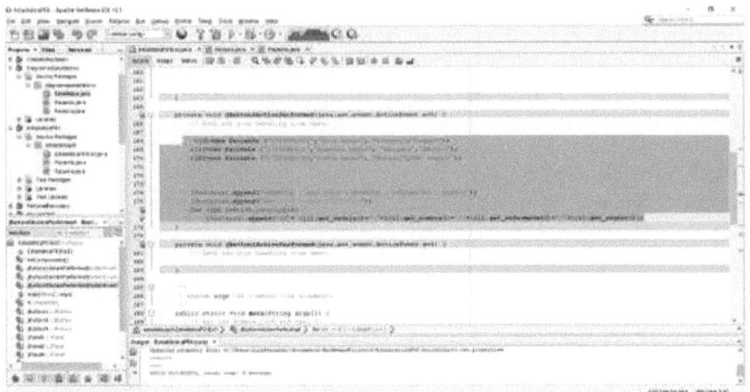

- Criamos as seguintes funções para desenhar um diagrama de barras e de pizza

```
public void graphBars(Graphics t, Patient A[],int x, int y) {
int contS=0,contC=0,a=20,ancho=40;
for(int i=0;i<A.length;i++)
{
se(A[i].get_insurance().igual("Insurance")) contS++;
se(A[i].get_secure().igual("Não seguro")) contC++;
}
//Eixos t.drawLine(x,y,x+300,y);
t.drawLine(x,y,x,y-250);
t.setFont(type1); t.setColor(Color.red);
t.drawString("Tipo",x+300,y+30);
t.drawString("# Secured",x-100,y-250);
//Legenda t.setColor(Color.black);
t.drawRect(x+250,y-190,160,100);
t.setFont(type1);
t.setColor(Color.red);
t.drawString("Legenda",x+270,y-170);
t.setColor(Color.blue);
t.fillRect(x+270,y-150,width,width/2);
t.setColor(Color.cyan);
t.fillRect(x+270,y-120,width,width/2);
t.setColor(Color.black);
t.drawRect(x+270,y-150,width,width/2);
t.drawRect(x+270,y-120,width,width/2);
t.setFont(type2);
t.drawString("Sure",x+320,y-135);
t.drawString("Não tenho a certeza",x+320,y-105);
/Certeza t.setColor(Color.blue);
*t.fillRect(x+50,y-(contS a),width,contS*a);
t.setColor(Color.black);
```

* Ter:

```
t.drawRect(x+50,y-(contS*a),width,contS*a);
t.drawLine(x,y-(contS*a),x+50+width,y-(contS*a)); t.setFont(type2);
t.drawString("Sure",x+50,y+30);
t.drawString(""+contS,x-20,y-(contS*a));
//Not Sure t.setColor(Color.cyan);
t.fillRect(x+140,y-(contC*a),width,contC*a);
t.setColor(Color.black);
t.drawRect(x+140,y-(contC*a),width,contC*a);
t.drawLine(x+50+largura,y-(contC*a),x+140+largura,y-(contC*a));
t.setFont(type2);
t.drawString("Não tenho a certeza",x+140,y+30);
t.drawString(""+contC,x-20,y-(contC*a));
}
public void graphPastel(Graphics g, int x, int y)
{
int ptot=0; int s=0, ns=0; for(int i=0;i<A.length;i++)
{
if(A[i].get_insurance().equals("Insurance")) s++;
if(A[i].get_secure().equals("Not secure")) ns++;
}
ptot=A.comprimento;
se(ptot!=0){
g.drawRect(x+200,y+20,100,100);
g.drawString("Legenda:",x+210,y+40);
g.drawString("S "+(double)(s*100/ptot)+" %",x+230,y+60);
g.drawString("NS "+(double)(ns*100/ptot)+" %",x+230,y+80);
g.drawRect(x+210,y+50,10,10); g.drawRect(x+210,y+70,10,10);
g.fillOval(x-3,y-3,156,156);
g.setColor(new Color(128,0,128));
g.fillArc(x,y,150,150,0,(int)(s*360/ptot));
g.fillRect(x+210,y+50,10,10);
g.setColor(new Color(14,45,34));
g.fillArc(x,y,150,150,(int)(s*360/ptot),(int)(ns*360/ptot));
g.fillRect(x+210,y+70,10,10);
}
}
```

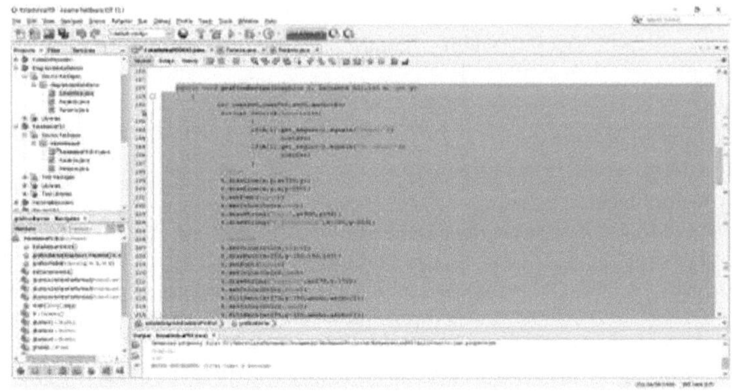

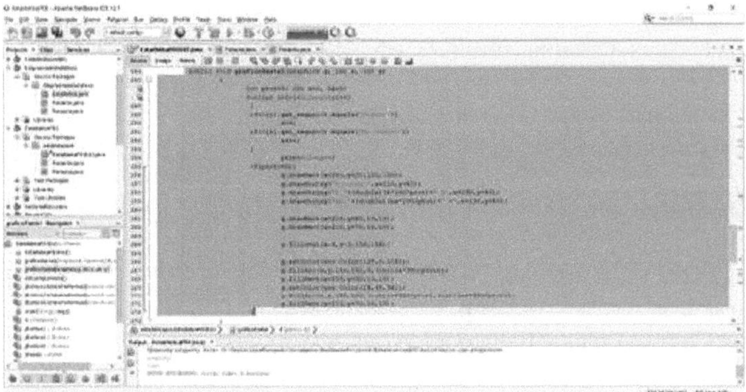

" Agora faça duplo clique no seguinte botão

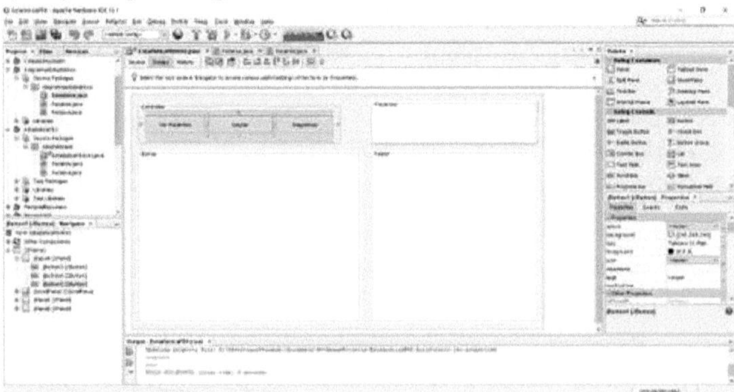

Colocamos o seguinte código:

```
jTextArea1.setText("");
```

Ter:

" Agora faça duplo clique no seguinte botão

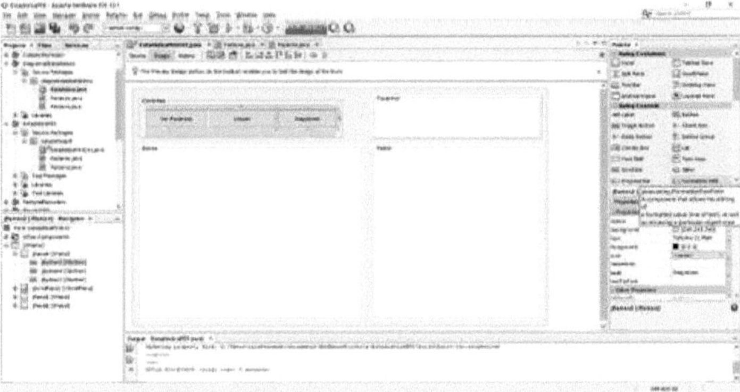

Colocamos o seguinte código graphBars(jPanel1.getGraphics(),A,100,300); graphPastel(jPanel2.getGraphics(),50,125);

- Ter:

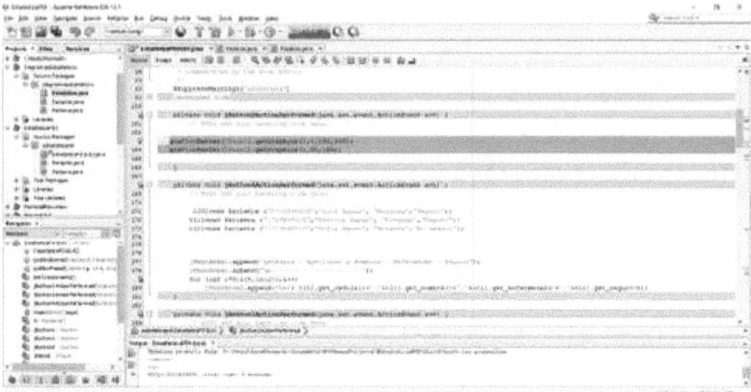

- Compilar e executar

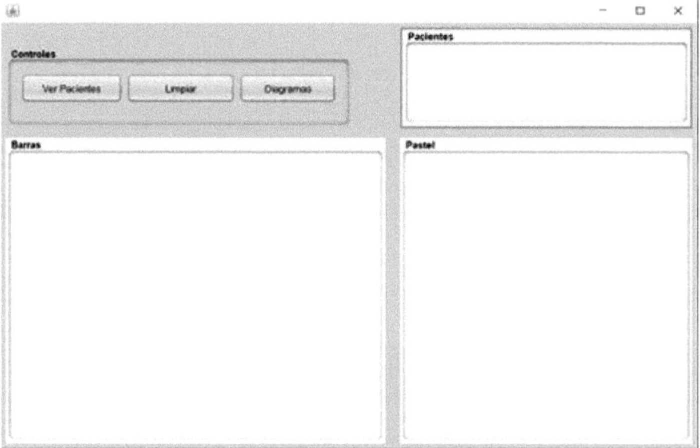

"Clicar em ver doentes

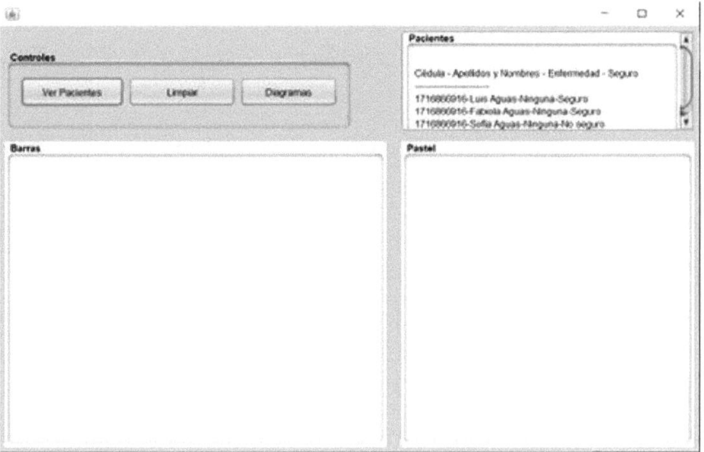

"Depois clique em Diagramas

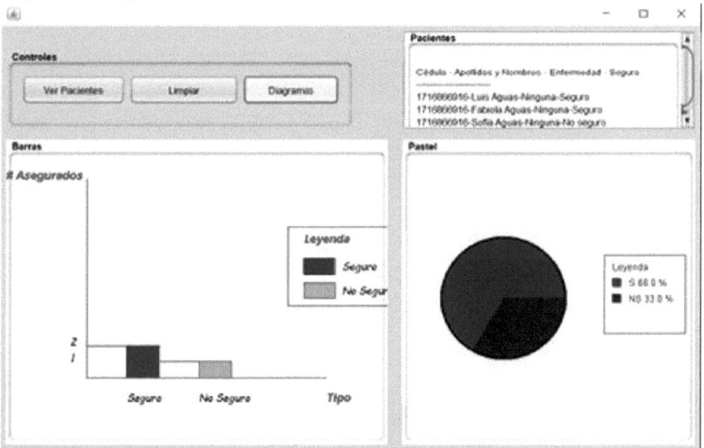

6. BIBLIOGRAFIA:

- Deitel, P., & Deitel, H. (2017). Java: Como programar (10ª ed.). Pearson.
- Eckel, B. (2017). Pensando em Java (4ª ed.). Prentice Hall.
- Flanagan, D. (2018). Java in a Nutshell: A Desktop Quick Reference (7ª ed.). O'Reilly Media.
- Friesen, J. (2019). Programação Java para iniciantes. Publicado de forma independente.
- Gaddis, T. (2018). Começando com Java: Objetos iniciais (6ª ed.). Pearson.
- Horstmann, C. S. (2019). Core Java, Volume I: Fundamentos (12ª ed.). Pearson.
- Liang, Y. D. (2019). Introdução à programação Java e estruturas de dados (12ª ed.). Pearson.
- Schilde, M. (2016). Java 8 em ação: Lambdas, Streams e programação de estilo funcional. Publicações Manning.
- Sharan, M. (2017). NetBeans: O guia definitivo (2ª ed.). O'Reilly Media.
- Sierra, K., & Bates, B. (2020). Head First Java (3ª ed.). O'Reilly Media.

Printed by Books on Demand GmbH, Norderstedt / Germany